JN006840

宇宙兄弟とFFS理論が教えてくれる

あなたを引き出す自己分析

古野俊幸
Toshiyuki Furuno

日経BP

あなたを引き出す

自己分析

宇宙兄弟とFFS理論が教えてくれる

古野俊幸
Toshiyuki Furuno

日経BP

人の人生には、
いくつもの〝夢のドア〟がある。
手探りでも何でもいい
意地でも次のドアに
手をのばし続けることだ。

『宇宙兄弟』23巻 #222「夢のドア」
NASA宇宙飛行士
ブライアン・Jの言葉（一部略）

まえがき

Preamble

あなたの〝キャラ〟を理解し、肯定し、発信しよう

ヒューマンロジック研究所代表取締役　古野俊幸

「就活の第一歩は自己分析から」

とは、よく聞く言葉です。誰に聞いてもだいたいそう言います。自分のことを知らないで、どうして就職先を選べるのか。もっともです。これを読んでいるあなたも、すでに「自分は何が得意で、何が好きで」と、〝自己分析〟を終えているかもしれません。

でも、その分析は他者から見て当たっているでしょうか。

そして、その分析をどう使えば就活で望む結果を残せるのでしょうか。

この本は、いま就職先を探して戦っている方と、これから就活に臨む皆さんのために書きました。就活生はもちろん、就活まではまだ時間のある大学1～2年生、さらには転職希望の方にも活用していただけるよう構成しています。

タイトルに「自己分析」と謳っているとおり、自分や他人の個性を知って、仕事、そして人生に活用しよう、というのがこの本の内容です。そういう本は少なからずありますが、この本の特徴は、『宇宙兄弟』（小山宙哉作）という人気マンガの「キャラ」で、あなたを理解しよう、活かし方を考えよう、というところにあります。

昨年、この本の前作に当たる『宇宙兄弟とFFS理論が教えてくれる　あなたの知らないあなたの強み』を出版したところ、本を読んだ就活生の方々からの感想がSNS上に多数寄せられ「この本は『自己分析』のわかりやすい手掛かりになる」と紹介してくださいました。そこで、就職活動にピントを絞ってペンを執った、いえ、パソコンに向かい直した次第です。

自己分析にとてもありがちな「勘違い」

就職活動は、多くの人にとって生まれて初めて「自己」に向き合う機会です。「自己分析」

なんて、それまで真面目にやったことがない人がほとんどでしょう。そうなると、色々な勘違いが生まれます。

例えば、先の本にいただいた感想に「〝決める〟ことが苦手で、自分が決められないことをネガティブに捉えていました」というものがありました。今回の本でも丁寧にご説明しますが、「決められない」というのは一つの立派な個性であり、その活かし方もちゃんと存在します。ですが、「××できない」という言葉自体にはネガティブな印象がありますよね。そこで、「決断力を持とう」「きっぱり決められる人間になろう」と、頑張ってしまう。とてもありがちです。

就活生の皆さんからの感想を読んで感じたのは、「本当は素晴らしいものを持っているのに、その自分の本来の強みに気づかずに、「理想の自分」とのギャップに悩んだり、あるいは自分の強みを勘違いし、個性に合わないやり方をしようとしたりして、苦しんでいる人が多いのではないか」ということです。

「自分はこうありたい」という思いは、人の成長を促すとても大事なものです。

自分にないものを持っている友人がまぶしく見えて、「自分もあの人のようになりたい」という思いを持つことも、同じ意味で貴重な機会です。

ただ、いくら隣の人の言動や振る舞いが輝いて見えても、自分にないもの、向いていないやり方を追い求める人生は、どこかで無理が生じます。

人生をトランプに例えるなら、勝負は配られたカードでやるしかありません。レアカードはなく、おカネで買うことはできません（そんな誘いもありますが、詐欺です）。あなたが使いこなすべき強みは、あなたの個性の中にしかありません。

自分の個性を正しく理解し、その個性からくる本来の良さや魅力を発揮して、初めて、あなたらしく輝くことができるのです。これは、本書の骨格である、人の個性を科学的に分析するＦＦＳ理論（Five Factors & Stress　開発者：小林恵智《けいち》博士）の基本的な考えです。

多くの人にとって、「自分自身の強み」を見つけ、それを他人にアピールする初めての機会が就活です。自分の強みは何なのか、また、それをどう伝えればいいのか。戸惑いながら試行錯誤している人も多いのはもっともなことです。

『宇宙兄弟』から見つける、自分が納得できる自分の個性

「自分には売り込めるほどの強み、良さなんて思いつかない」と思っている方にこそ、本書を捧げたいと思っています。トランプの例えで言えば、どんなカードにも輝く使いどこ

ろがあるように、あなたが「弱さ、欠点」と思っているところこそ、「強み、長所」であることはとても多いのです。どう認識し、どう伝えれば、弱さと思っていたところが強さに変わるのか、じっくり説明したいと思います。

さて、『宇宙兄弟』という、魅力的なキャラクターが縦横無尽に動く世界を借りて、「あなた」を分析、説明する理由を述べましょう。

『宇宙兄弟』は、南波六太（ムッタ）と南波日々人（ヒビト）の兄弟が宇宙飛行士になる夢を叶え、人間として成長し活躍する物語です。兄弟の他にも多様な個性の登場人物が多数登場するだけでなく、一人ひとりの人物やエピソードが丁寧に描かれています。どのキャラクターも最初から完成されてはおらず、様々な個性を持つ人との関係を経て、成長し、円熟していくところが見事です。

物語として楽しめるのはもちろん、人の個性を学ぶ教材としても素晴らしいと感じています。作者の小山宙哉さんは、ＦＦＳ理論を意識して登場人物を描いたわけでもないのに、まるで実在するかのようなリアルな人物造形に感心するばかりです。

特に注目したいのは、個性がポジティブに発揮された状態と、ネガティブに出てしまった状態の描き分けです。本書でもマンガの該当シーンを取り上げていきますが、人が持つ

「ポジ／ネガ」の両面性や、個性をポジティブに発揮することで拓けるその人の可能性を理解していただくのに、とても役立つと思います。

ＦＦＳ理論が示す「あなたの個性」「強み」「弱み」が、キャラクターと物語で理解できる。これが『宇宙兄弟』の名シーンを使わせていただく理由です。

そして、こと「就活」に際しては、こうした『宇宙兄弟』の魅力的な「キャラ」の力を借りることも、一つのやり方だと思うのです。

就活生と話をしていると、「キャラ」という言葉をよく聞きます。初めての自己分析に手こずり、企業に対してどんな個性を見せればいいのか迷い、自分自身ではまとめきれなくなって、「もう、こういう就活キャラで行くことにしました」と割り切ってしまう、そんな文脈です。

私はこれは悪くない戦い方だと思います。「自分はこうだ」と決めて迷わないほうが、「自分は本当はどんな人間なのか」と悩み続けるより生産的です。

そして、「どうせなら、本当にあなたに似合う、自分でも納得できるキャラを纏《まと》いませんか？」と思ったのでした。「なりたいキャラ」を装うのではなく、自分に合ったキャラで自分を知るのです。

人間は、つまるところ関係性の中でしか「自分」を知ることができません。「他人から見たあなたは『こういうキャラだ』と、自分で知ること」。ちょっと大胆に自己理解を定義すれば、そういうことになるでしょう。

この本で、あなたの個性と近いキャラクターを通した解説を読み、彼、彼女がどのように他人を惹きつけ、あるいは嫌われ、成長していったのかを知ってください。小山さんの絵のイメージがあなたの「キャラ」となり、就活の支えになってほしいと思います。もちろん、「あなたのキャラ」の活躍を、単行本で存分に読むこともお忘れなく。

この本では、簡易自己診断のあとの26ページから、『宇宙兄弟』のどのキャラクターがあなたに近いかを見ることができます。また、巻末のコードを使ってウェブで診断していただくと、より精度が高いキャラの解説を読むことができます。

本書の使い方

自分の個性に合った就職先を見つけることが就活の「成功」だとすれば、成功するために必要なステップは大きく分けて次の3つとなるでしょう。

1・「自己理解」　客観的に自分の特性を知る
2・「自己肯定」　その特性を素直に受け容れ、肯定する
3・「自己発信」　目標を定めて、自分の特性をポジティブに伝えるシナリオを作って、活動し、発信していく

本書では、ここまでをまとめて「自己分析」として扱っています。自己分析を就活のために行うのなら、1の「自己理解」で止まってはダメで、それに基づいて行動し、外に発信することまで含めてやって、ようやく就活に役立つ、と考えるからです。そこまでいってこそ、就活としての「自己分析」だろう、というわけです。

もう一つ、本書の使い方で重要なことを。ご自身の個性（第一因子）のところだけを読んでよしとせず、ぜひ他の因子のところも通読してください。これは自己理解には、自分の第二、第三因子についても知っておく必要があることと、他人の個性を知ることで、自分の個性についても理解が深まるからです。

自分の診断結果に納得がいかなかったら？

最初にＦＦＳ理論の自己診断をやっていただくわけですが、読者の皆さんの中には、そこで示された「自分の個性」が、自分としては意外だったり、好きではないということもあるかもしれません。

ＦＦＳ理論は、ウェブにあふれる「自己診断テスト」とはまったく違い、ストレス（全身適応症候群）をベースに研究・開発された理論で、心理学のようなアプローチよりも、医学・生理学に近いのです。そのため、その人が持つ普遍的な特性がわかります。「保全性じゃいやだ、拡散性になりたい」などと、欲しい結果が出るまで何度もやり直すものではありません。そこは理解してください。

これも後で説明しますが、自分の診断結果がいやだというのは、ご自身の個性がネガティブに表出しているところだけを認識して、「好ましくない」状態に見えているのかもしれません。同じ個性でも、ポジティブに発揮できれば、「好ましい」状態に転じます。だからこそ、ＦＦＳ診断で自分の個性が判定されたら、その結果を素直に受け容れていただきたいのです。個性を「ポジティブに発揮する」方法を手に入れることで、「自己肯定」から「自己発信」へとつなげることができるでしょう。

このプロセスは、『宇宙兄弟』を読みながら疑似体験することもできます。例えば、主人公である兄のムッタは、最初は超が付くほどネガティブな人間でしたが、多様な人との関わり合いを通して、個性をポジティブに開花させていきます。まさしく「自己理解」し「自己肯定」を経て、チームや上司に自分の個性を「自己発信」して、成長していくのです。もし、あなたがムッタと似たタイプの人であれば、コミックの中でのムッタの成長に自分を投影することで、自分の個性に秘められた可能性に気づくかもしれません。

「人間はつまるところ関係性の中でしか自分を知ることができない」と言いました。

新型コロナの影響で、他人と直《じか》に関わり合う機会が減った今の社会は、自分を理解するのが難しくなった時代、でもあります。そんな今こそ、『宇宙兄弟』のキャラの力を借りて、自分のポジティブ／ネガティブな両面を理解し、受け容れ、発信して、人生を一歩踏み出してください。

あなたを引き出す
自己分析　もくじ

2章

自己肯定 弱みは「克服」するな

3章 自己発信 「伸びる人材」と印象づける

表紙イラスト：『宇宙兄弟』14巻＃132「リハーサル」より

本書は小山宙哉氏の『宇宙兄弟』から許可を得てマンガ、
イラストを引用しています。文中の表記は原作に合わせています。
マンガ、イラストの著作権は小山宙哉氏にあります。
©小山宙哉/講談社

8巻＃71「公園におっさん2人」

Five Factors & Stress

FFS理論とは…

FFS理論の概念

FFS理論（開発者：小林惠智《けいち》博士）は、ストレス理論をベースに研究されたものです。人によってストレッサー（ストレスになる刺激）は違います。例えば、同じ広さの部屋にいても、「広々として心地良い」と感じる人もいれば、「広すぎて不安」とストレスに感じる人もいます。つまり、環境や刺激に対する感じ方や捉え方は人それぞれ違います。その感じ方や捉え方の特性を5つの因子として計量化したものが、FFS理論です。

就活生がFFS診断を受けるメリットとは？

質問に答えると5つの因子とストレス状態が数値化され、そこからあなたの個性に影響を与えている因子を特定します。エントリーシートや面接で「どう考えて行動したのか」をまとめる際に、自分の個性を特徴づけている因子とストレッサーを理解していると、ポイントが絞れて明快に説明できます。

FFS診断を受けてみよう（読者特典）

STEP 1

巻末の袋綴じに記載されたURLもしくはQRコードで、「FFS診断（宇宙兄弟バージョン）」公式webページにアクセスしてください。

STEP 2

公式webページで会員登録に進んでください。その際、袋綴じの中に記載されたアクセスコードが必要となります。

STEP 3

診断画面が表示されます。質問は80問あります。回答は落ち着いた静かな環境で行ってください。考え込まず直感でお答えください。

注意：すでに会社などでFFS診断を受けている方は、ここでの診断はできません。お持ちの診断結果の数値を入力していただくと、『宇宙兄弟』の25人の登場人物のうちであなたに似たキャラクターがわかります。なお、手軽に診断したい方向けに、webでも簡易診断を用意しています。簡易版のため精度が落ちることをご了承ください。

診断結果の見方

FFS理論は因子の順番が重要になります。その理由は「第一因子が一番影響する」からです。本書は5つの因子の特徴を詳しく紹介していますので、ご自身の「第一因子」の内容を参考にしてください。次に続く第二因子や第三因子も影響度は低くなりますが、関係します。本編は他の因子の部分もぜひ通読してください。また、相反しやすい「保全性と拡散性」「受容性と凝縮性」が第一、第二因子の場合は、第二はあくまで「参考」程度にしておいてください。「保全性と拡散性が拮抗する場合」は320ページを。

読者特典のweb診断を活用

本書の診断は簡易版です。ぜひ巻末の読者特典のweb診断も行ってください。「あなたの強み」に影響をする因子（数値の高い順に2～3因子）と、そこからわかる個性のサマリー、『宇宙兄弟』に登場する25人のキャラクターの中からあなたに似ている人物と、その特徴をお知らせします。

A 凝縮性因子
B 受容性因子
C 弁別性因子
D 拡散性因子
E 保全性因子

A Factor

凝縮性因子

固定・強化させようとする力の源泉となる因子

凝縮性は、文字どおり自らの考えを固めようとする力。こだわりが強く、自分の中で明確な価値規範を持っています。他人に流されずブレない一方で、自分の価値観に合わないものはなかなか受け容れない頑固な一面もあります。日本人にはかなり少ないタイプです。

判断軸	自分の価値観上、正しいか、正しくないかで物事を判断します
ポジティブ反応時の特徴	正義感や使命感、責任感が強く、道徳的で規範的な印象を与えます
ネガティブ反応時の特徴	独善的、支配的、否定的、排他的になり、周りを力でねじ伏せようとします
ストレスの要因	自分の考え方や価値観を頭ごなしに否定されるとストレスを感じます
キーワード	正義、権威性、責任感、義務感、批判的、偏執固執

B Factor

受容性 因子

外部を受け容れようとする力の源泉となる因子

なるほど！
わかる、わかる

受容性は、無条件に受け容れる力です。優しくて面倒見が良く、柔軟性があるのが特徴です。無理難題も聞いてくれるので、経験知が高いと頼もしい存在ですが、経験知が少ない場合、周りの要望を全部受け容れてしまい、キャパオーバーになることもあります。

判断軸	良いか、悪いかで物事を判断します
ポジティブ反応時の特徴	面倒見が良く、寛容です。周りを肯定し、周りに共感することができます
ネガティブ反応時の特徴	お節介で過保護になります。自虐的、逃避的になることもあります
ストレスの要因	反応がなかったり、存在をないがしろにされたりするとストレスを感じます
キーワード	貢献、保護的、共感、愛情、過保護

C Factor

弁別性 因子

相反する二律にはっきりと分けようとする力の源泉となる因子

それって、
こういうこと？

弁別性は、白黒はっきりさせる力です。合理的で計算的であることも特徴です。ドライで、常にどうすれば合理的なのかを考えて行動します。物事を都合よく割り切ることができる一方で、感情があまり介入しないため機械的で冷たく見られることもあります。

判断軸	相対的に見て適正であるか、不適正であるかで物事を判断します
ポジティブ反応時の特徴	理性的、現実的で、無駄なことをせず合理的に判断することができます
ネガティブ反応時の特徴	機械的で自己都合的になり、手っ取り早く処理するために詭弁的になります
ストレスの要因	理不尽さなど、理性ではどうにもならないことを求められるとストレスを感じます
キーワード	合理的、事実、定量的、都合いい、現実的

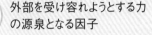

D Factor

拡散性 因子

飛び散っていこうとする力の源泉となる因子

まぁいいや、とりあえずやろう

拡散性は、飛び出していこうとする力です。活発で行動力があります。直情的で、面白いことなら周囲を気にせずどんどん取り組むので、「挑戦的だ」と評価される一方、飽きっぽいため周りを振り回すタイプでもあります。

判断軸	好きか、嫌いかで物事を判断します
ポジティブ反応時の特徴	積極的、活動的で、ゼロから物事を作り上げることができます
ネガティブ反応時の特徴	反抗的になったり、破壊的・攻撃的になったりします
ストレスの要因	物理的・精神的に束縛されるなど、自由に動けないときにストレスを感じます
キーワード	挑戦、奔放性、外向性、解放性、大胆、野心、分裂

E Factor

保全性 因子

維持するために工夫改善していく力の源泉となる因子

安全かどうか、まず確認しよう

保全性は、維持しながら積み上げる力です。プランを立て、工夫しながらコツコツと進めていくのが得意です。組織を作るのがうまく、周りと協調しながら動くことができます。慎重で安全第一なため、なかなか行動することができないときもあります。

判断軸	好きか、嫌いかで物事を判断します
ポジティブ反応時の特徴	几帳面でさまざまな場面を想像できます。また、協調的に動くことができます
ネガティブ反応時の特徴	消極的で妥協的になったり、パニックになって拒絶的になったりします
ストレスの要因	明確な指針がない場合や、急な変更など、予期せぬ事態にストレスを感じます
キーワード	安全、内向性、慎重、敏感、几帳面、順応、劣等感

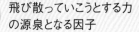

『宇宙兄弟』には、たくさんの人物が登場します。その中から主要な25人をピックアップして、FFS因子の組み合わせによって4タイプに分類しました。誰と誰の個性が似ているのか、あるいは似ていないのかが一目瞭然です。プロフィールの詳細は26ページをどうぞ。

25キャラの個性はこんなにも多様！

この表は、対照的な特徴を持つ「凝縮性」と「受容性」、「拡散性」と「保全性」をそれぞれ相対比較したものです。4タイプの分類に加えて、その中での位置づけも重要です。例えば、表の右上に位置する南波日々人は、「拡散性」と「受容性」が共に高いタイプであるとわかります。さらに、その中でも右上に位置づけられているのは、「凝縮性」と「受容性」の差が大きく（右側に振れる）、「拡散性」と「保全性」の差が大きい（上側に振れる）ことを意味します。

キャラクターマトリックス

Character matrix

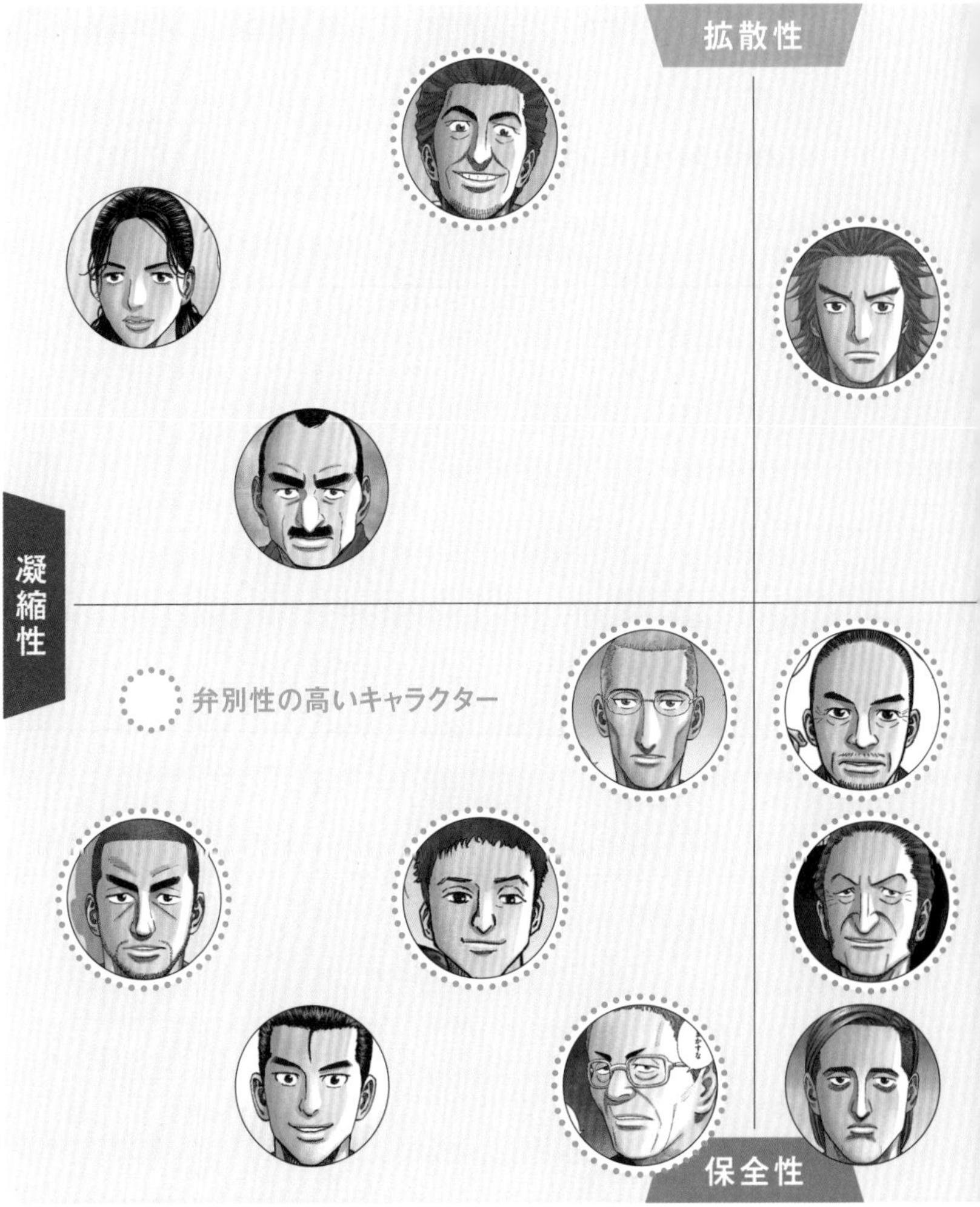

©Human logic laboratory.Inc

まずは簡易診断をしてみましょう。より詳しい診断を行うには、袋綴じに記載の URL および QR コードから公式 web サイトにアクセスしてください。

合計

A 凝縮性	B 受容性	C 弁別性	D 拡散性	E 保全性

点数が多い上位3つの因子は……

	4点	3点	1点	0点	
	はい	どちらかといえば はい	どちらかといえば いいえ	いいえ	A
	はい	どちらかといえば はい	どちらかといえば いいえ	いいえ	B
	はい	どちらかといえば はい	どちらかといえば いいえ	いいえ	C
	はい	どちらかといえば はい	どちらかといえば いいえ	いいえ	D
	はい	どちらかといえば はい	どちらかといえば いいえ	いいえ	E
	はい	どちらかといえば はい	どちらかといえば いいえ	いいえ	A
	はい	どちらかといえば はい	どちらかといえば いいえ	いいえ	B
	はい	どちらかといえば はい	どちらかといえば いいえ	いいえ	C
	はい	どちらかといえば はい	どちらかといえば いいえ	いいえ	D
	はい	どちらかといえば はい	どちらかといえば いいえ	いいえ	E
	はい	どちらかといえば はい	どちらかといえば いいえ	いいえ	A
	はい	どちらかといえば はい	どちらかといえば いいえ	いいえ	B
	はい	どちらかといえば はい	どちらかといえば いいえ	いいえ	C
	はい	どちらかといえば はい	どちらかといえば いいえ	いいえ	D
	はい	どちらかといえば はい	どちらかといえば いいえ	いいえ	E

FFS理論・自己診断

Self Test on Five Factors & Stress

下の15問の質問に直感で答えてください。少し考える場合は、「どちらかといえば」の回答を選んでください。次に、「因子」ごとに合計点を出し、合計点の高い順に3つの因子を並べます。合計点が同点の場合は、E>D>C>A>Bの並び順になります。この3つが、あなたの個性に影響を与えている第一因子、第二因子、第三因子です。ご自身の因子を意識しながら本を読むと、自己理解が深まります。

1	「持論を支持してくれない」友達がいたら、喧嘩になってでも説得しようとする
2	元気がない友達がいたら、なんとか元気にしてあげようとする
3	二度説明するなど、無駄なことはしない
4	「閃いた」と思ったら後先考えずに、まず動く
5	計画的に準備して進めようとする
6	「こうあるべきだ」とよく言っている
7	自分と違う考えを聞いた時に「なるほど、一理あるな」と思う
8	「データがない状態」では、判断できないと思う
9	飲み会に誘われても、気分が乗らないと行かない
10	仲間と一緒にいると安心できる
11	時間やルールを守らない人を許せない
12	状況や環境が変われば、決まり事など柔軟に変えても良いと思う
13	曖昧なことは、白黒はっきりとさせたい
14	「あんまり考えてないよね」と周囲から言われることがある
15	「丁寧できっちりしているね」と言われることがある

JAXA宇宙飛行士

南《なん》波《ば》日《ひ》々《び》人《と》

拡散性が高い

D・B（拡散・受容）

夢にまっしぐら、無敵の自由人

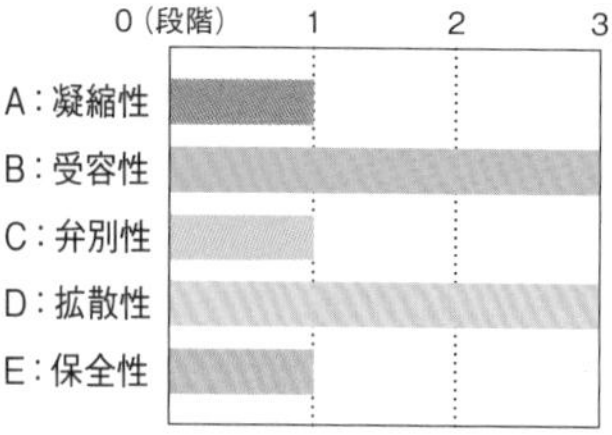

0（段階）
1
2
3
A：凝縮性
B：受容性
C：弁別性
D：拡散性
E：保全性

特徴

- 興味があることなら、後先考えずにすぐに動く
- 機動力はあるが、落ち着きがない
- 柔軟でお人よしな面もある

アドバイス

「興味があること」なら、機動力を持って動けるので、「人が困っている課題で誰もやらないこと」を新規事業にするポテンシャルはあります。その思いを具現化できそうな会社を選びましょう。ただし、ビジネスより自分の好みを優先しすぎないことも必要。色々な体験を経て、センスを磨いておきましょう。

もし
諦め切れるんなら、
そんなもん
夢じゃねえ

2巻#13「拝啓日々人」

JAXA宇宙飛行士

南《なん》波《ば》六《むっ》太《た》

保全性が高い

B・E・C（受容・保全・弁別）

異色の主人公は一見弱気でネクラ？

カネコ・シャロン博士からの
期待と信頼。それなら多分、
誰よりも負けてません。

21巻#198「1億ドル」

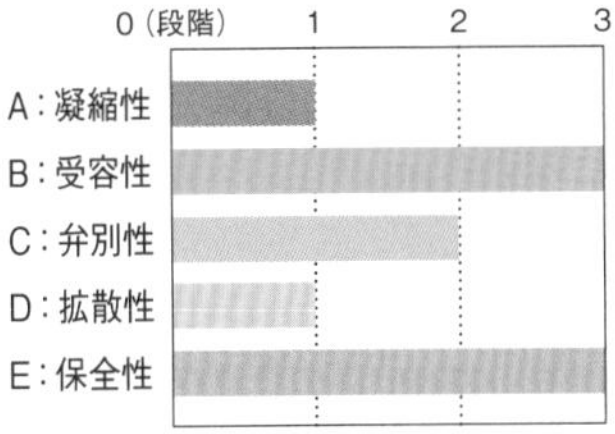
0（段階）
1
2
3
A：凝縮性
B：受容性
C：弁別性
D：拡散性
E：保全性

特徴

- 丁寧に積み上げるので、時間はかかるが、確実に進められる
- 皆のために面倒を見ようとする

アドバイス

情報を集めて、計画的に慎重に進めようとします。体系的な積み上げでさまざまなことができるようになります。ただし、情報収集力や計画力を鍛えていないと最初の一歩を踏み出せないので、経験知を増やしておきましょう。（※南波六太は「受容性」も高いのですが、ここでは「保全性」の高さに焦点を当てています）

受容性が高い

B・C（受容・弁別）

JAXA有人宇宙技術部副部長

星《ほし》加《か》正《ただし》

主人公に夢を託す心熱きサポーター

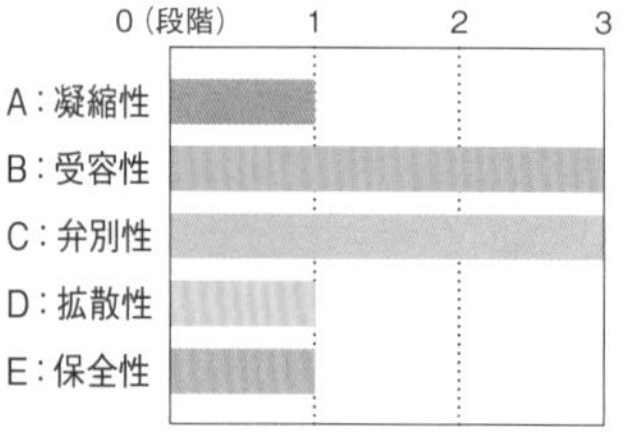
0（段階）
1
2
3
A：凝縮性
B：受容性
C：弁別性
D：拡散性
E：保全性

俺の心はずっと躍りっぱなしなんだ!

2巻#11「頭にまつわるエトセトラ」

特徴

- 柔軟で面倒見が良く、合理的に判断することで、課題を克服していける
- 一見ドライに見えることもあるが、根はやさしい

アドバイス

面倒見の良さはピカー。面倒を見た相手の成長は、自分のことよりも「嬉しいこと」です。多くの人の成長に関わり、その輪を広げましょう。ただし、「役立っている」ことで、自分の存在を無意識にアピールしてしまう傾向もあります。そして、面倒を見過ぎると「自立を損なう」こともありますので、適度な距離を置き、冷静に見守ってあげるスタンスを取ることも大切です。

JAXA宇宙飛行士
吾《あ》妻《づま》滝《たき》生《お》

凝縮性が高い

A・C・E（凝縮・弁別・保全）

宇宙を愛し、信念に生きる男

「38万キロ」くらいなら近所です
5巻#48「マッハの弟」

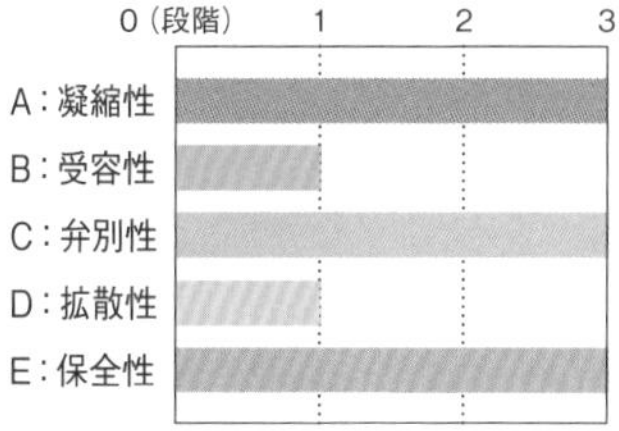

0（段階）
1
2
3
A：凝縮性
B：受容性
C：弁別性
D：拡散性
E：保全性

特徴

- こだわりが強く、「こうあるべき」と思うことを徹底的に追及しようとするタイプ
- あまりにブレない姿勢が誤解され、悪く受け取られることもある

アドバイス

「使命を感じられる仕事」には、俄然、力を発揮します。逆だとそうならないので、常に仕事の「意義付け」を行いましょう。自分の正義だけを振りかざすと、「押し付けがましく」なります。なぜ、そこまでこだわるのか、その背景を含めて伝えることが大切です。「頑固すぎて話にならない」と誤解されないためにも、説明はしましょう。

NASA宇宙飛行士 ビンセント・ボールド

弁別性が高い

C・A（弁別・凝縮）

ムダが大嫌いな完璧合理主義者

あれは宝物ではありません。宝物を思い出すための、ただの道具です

19巻＃179「俺らの将来」

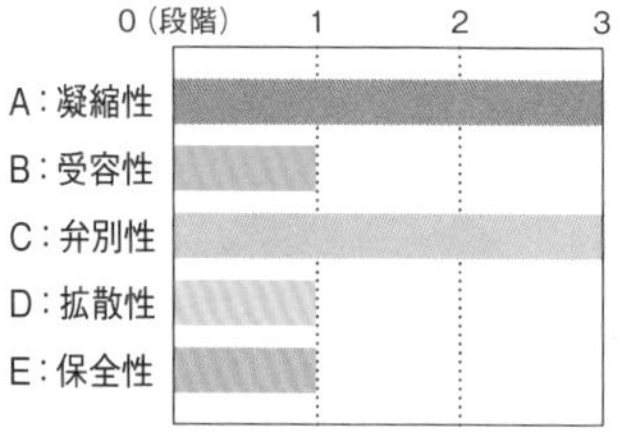
0（段階）
1
2
3
A：凝縮性
B：受容性
C：弁別性
D：拡散性
E：保全性

特徴

- 極めて合理的で、無駄なことが苦手
- こだわりも強く、自分が良しと判断した相手としか付き合おうとしない
- 完璧主義的な振る舞い

アドバイス

スパッと切り捨てるシャープさがあり、周囲からは冷たい人に見えることもあります。またデータ重視で効率を求めすぎると、「世間話もできない相手」と思われがちです。世の中の理不尽さを踏まえて、皆のために「黒」を「白」にすべく、その合理性を活かしましょう。

家族を大事にする真面目な好青年

真《ま》壁《かべ》 ケンジ

JAXA 宇宙飛行士

宇宙飛行士をやめない限り
宇宙へはきっと行ける
17 巻# 167「最後の言葉」

A・E（凝縮・保全）

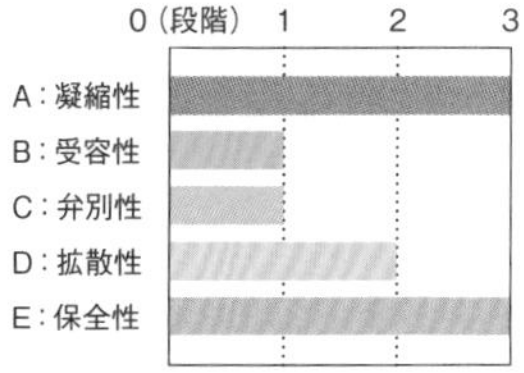

0（段階）
1
2
3
A：凝縮性
B：受容性
C：弁別性
D：拡散性
E：保全性

- 慎重かつこだわりも強く、「あるべき論」で事を進めやすい
- 精緻化しながら進めるので、動きが遅いと見られることもある

豪快だけど冷静なカリスマ的リーダー

ブライアン・J

NASA宇宙飛行士

人の人生にはいくつもの
〝夢のドア〞がある
23 巻# 222「夢のドア」

A・B・C・D（凝縮・受容・弁別・拡散）

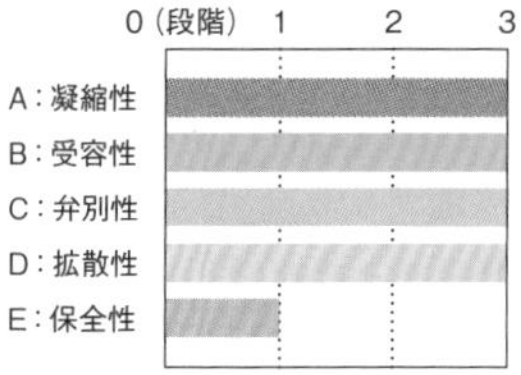

0（段階）
1
2
3
A：凝縮性
B：受容性
C：弁別性
D：拡散性
E：保全性

- 価値観が明確で、合理的判断をしつつ、推進していく力がある
- 強いリーダーシップを発揮できる

男よりも"男らしい"最強シングルマザー

ベティ・レイン

NASA 宇宙飛行士、ジョーカーズのメンバー

悪いけど、面倒なのよね。待ってるの

18巻#172「CES-62 バックアップクルー」

A・D（凝縮・拡散）

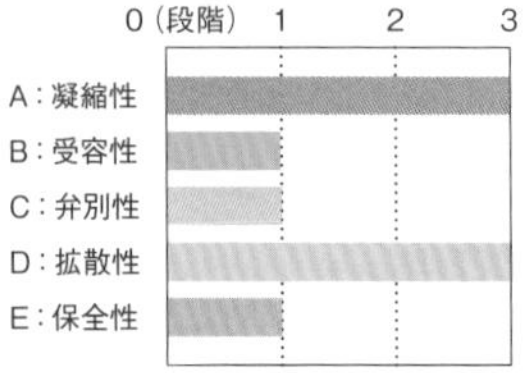
0（段階）
1
2
3
A：凝縮性
B：受容性
C：弁別性
D：拡散性
E：保全性

- 自分の価値観にこだわり、周囲を蹴散らしながら邁進していくタイプ
- 敵を作りやすく、「孤高の人」になることもある

ヒビトを救ったロシアの英雄

イヴァン・トルストイ

ロシア宇宙飛行士

酒を飲み交わすのは
互いの度数を
合わせることだ

15巻#142「曇りのち酒」

A・B・C（凝縮・受容・弁別）

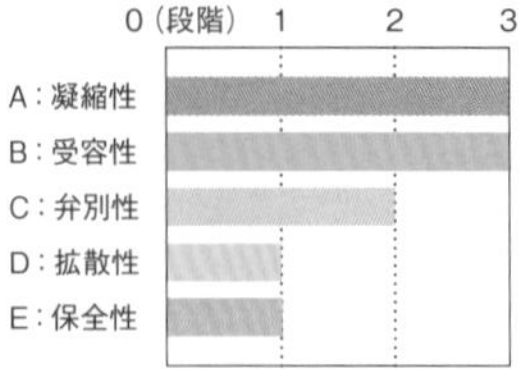
0（段階）
1
2
3
A：凝縮性
B：受容性
C：弁別性
D：拡散性
E：保全性

- ブレない軸を持ち、面倒見も良く、合理的に組織や仲間を導くことが得意
- 頼れるリーダータイプ

“猛獣たち”を導く温和なリーダー

エディ・J《ジェイ》

NASA 宇宙飛行士、ジョーカーズのリーダー

> 俺たちを救うのは
> 弟の轍《わだち》だな
> 29巻#274「リッテンディンガー峡谷」

B・C・E（受容・弁別・保全）

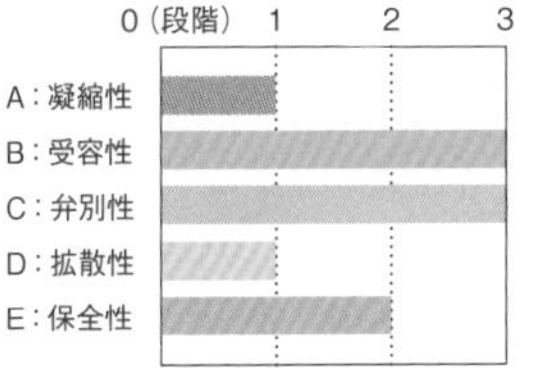

0（段階）
1
2
3
A：凝縮性
B：受容性
C：弁別性
D：拡散性
E：保全性

- 柔軟で面倒見が良く、合理的に判断していくことができる
- 慎重で体系的に考えられる
- 経験知があれば、頼りがいのある人

仲間思いのしっかり者

北《きた》村《むら》絵《え》名《な》

JAXA 宇宙飛行士

> 一緒に実験して、
> 一緒に帰ろ
> 27巻#258「使命」

B・E・D（受容・保全・拡散）

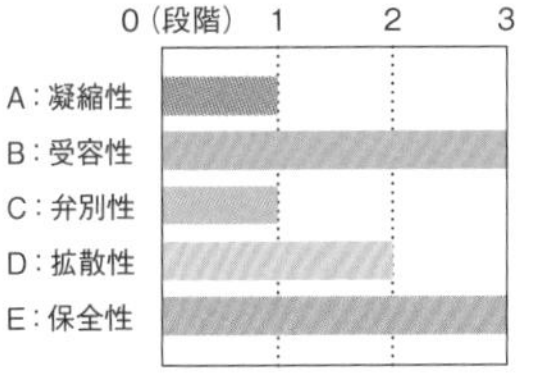

0（段階）
1
2
3
A：凝縮性
B：受容性
C：弁別性
D：拡散性
E：保全性

- 柔軟で面倒見が良い
- 慎重なところと大胆なところが共存していて、動きたいけど動けないこともある
- 和気藹々《あいあい》と盛り上がることが大好き

口は悪いが正直者

古《ふる》谷《や》やすし

スイングバイ所属 民間宇宙飛行士
（2025年宇宙飛行士選抜試験受験者）

年の差とか関係なく、一生もんの友達です
23巻＃215「友達。フォーエバー」

B・D（受容・拡散）

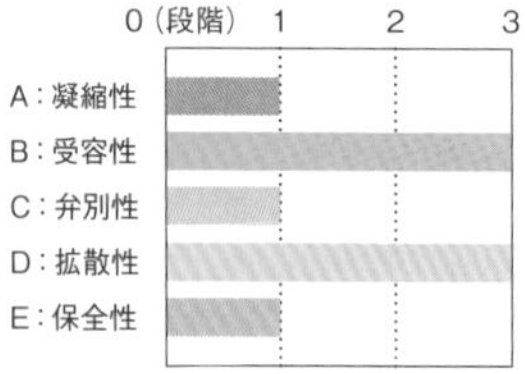

0（段階）
1
2
3
A：凝縮性
B：受容性
C：弁別性
D：拡散性
E：保全性

- 人懐っこく、周囲から笑いを取りつつ、面白いことに挑戦していくタイプ
- ノリの良さ、軽さがある

優しく見守る“母”のような存在

金《かね》子《こ》シャロン

天文学者

ムッタが夢を叶えられたのはあなたがあなただったからよ
25巻＃233「南波工房」

B（受容）

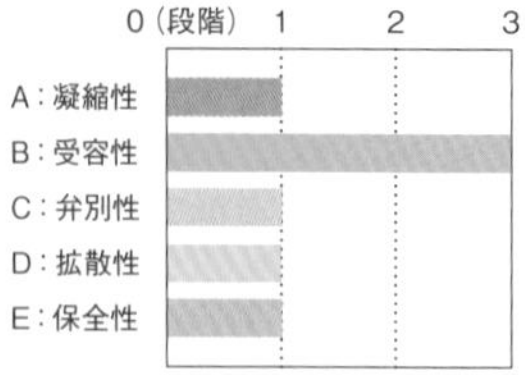

0（段階）
1
2
3
A：凝縮性
B：受容性
C：弁別性
D：拡散性
E：保全性

- 柔軟で面倒見が良く、世話好き
- 相手の気持ちを察することができ、人を育むことが得意

見た目は冴えないが、腕は超一流

ピコ・ノートン

俺に
きいてる
時点で

デンバー社技術職員

真実は見つけだそうとするな。作り出せ
21巻#202「突破口」

B・C（受容・弁別）

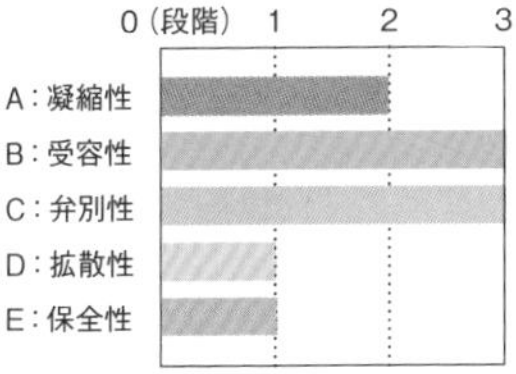
0（段階） 1 2 3
A：凝縮性
B：受容性
C：弁別性
D：拡散性
E：保全性

- 優柔不断なところはあるが、合理的に処理することもできる
- ややこだわりがあるので、気に入ると応援する

合理的に勝ちにいくクールな戦略家

新《にっ》田《た》零《れい》次《じ》

JAXA宇宙飛行士

動いて輝く石は流れ星……「生きた石コロ」です
11巻#100「生きた石コロ」

C・D（弁別・拡散）

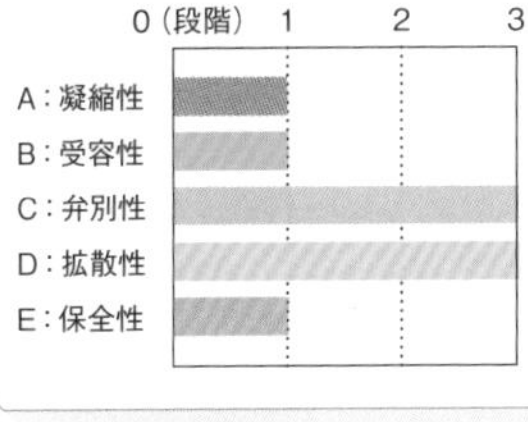
0（段階） 1 2 3
A：凝縮性
B：受容性
C：弁別性
D：拡散性
E：保全性

- 戦略的な発想力があり、ココだと狙いを定めると、一気に突き進む機動力がある
- 普段はドライ

こまかすな

リスクを嫌う〝壁になる〟上司

ウォルター・ゲイツ

NASA プログラムマネージャー

わざわざ毒入りを選ぶ
理由がどこにある
19巻#183「毒」

C・E（弁別・保全）

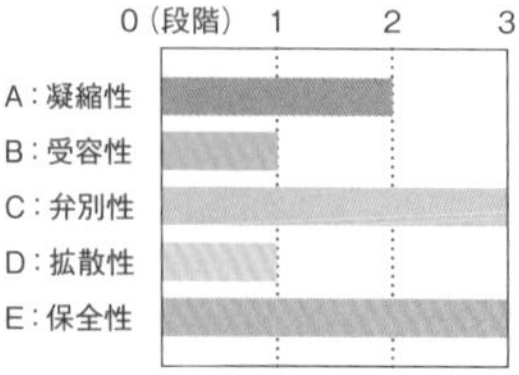
0（段階）
1
2
3
A：凝縮性
B：受容性
C：弁別性
D：拡散性
E：保全性

- 極めて合理的で、無駄なことが苦手
- 慎重さもあり、徹底的な合理主義者
- リスク回避に長けている

ドライだが面倒見のいい上司

ジェーソン・バトラー

NASA宇宙飛行士室長

だがヒビト。嘘を
つき通すのはしんどいぞ
14巻#133「ヒビトの障害」

C・B（弁別・受容）

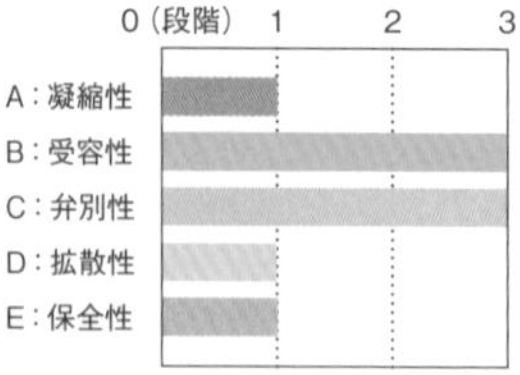
0（段階）
1
2
3
A：凝縮性
B：受容性
C：弁別性
D：拡散性
E：保全性

- 合理的に白黒はっきりと判断することが多い
- 「いいヤツ」と判断すれば、面倒見の良さを発揮する

イタズラ好きのムードメーカー

紫《むらさき》 三《さん》世《せい》

JAXA宇宙飛行士

> 宇宙飛行士ってのはアレだ。
> 舞台役者に似てんだよな
> 10巻#91「舞台役者」

D・E・B（拡散・保全・受容）

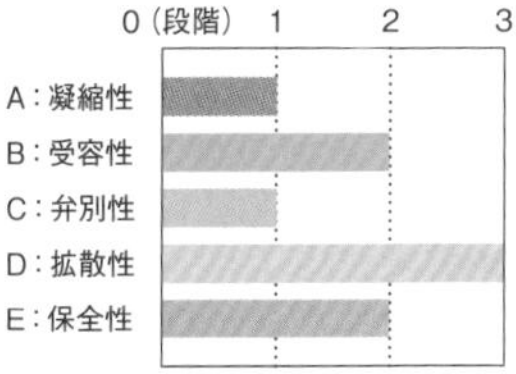

- 面白いことが大好きで、人を巻き込むことが得意
- 人付き合いも得意で、相手の心の機微がわかる
- 気に入った相手にはめちゃくちゃ優しい

いざというとき頼りになるキザ男

カルロ・グレコ

NASA宇宙飛行士、ジョーカーズのメンバー

> 俺は生まれ変わっても
> また俺になりたいね
> 18巻#173「孤独な彼ら」

D・C・B（拡散・弁別・受容）

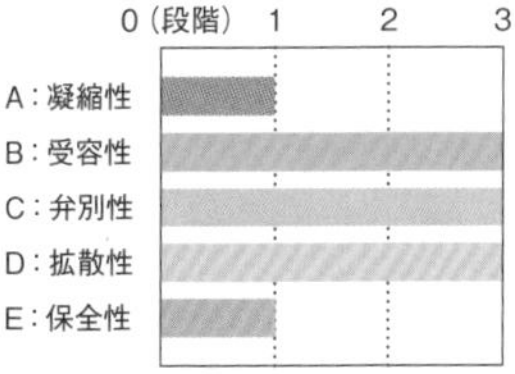

- 興味があることに積極的で、合理的で無駄なく、しかも柔軟に取り組むことができる
- 周囲を巻き込むことも得意
- 起業家の素質あり

口癖は「ヤアマン」、陽気なお調子者

フィリップ・ルイス

NASA宇宙飛行士、ジョーカーズのメンバー

俺、もう…
地球人でいいや

31巻#295「We are lonely…」

D（拡散）

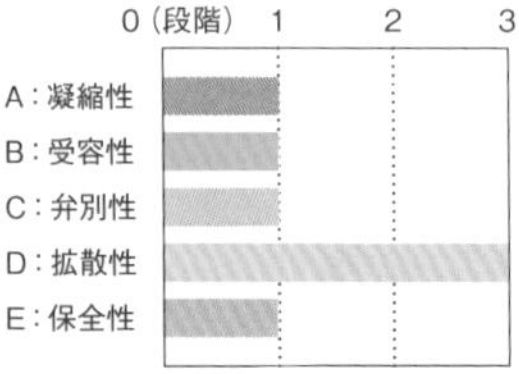
0（段階）
1
2
3
A：凝縮性
B：受容性
C：弁別性
D：拡散性
E：保全性

- 興味があることに積極的に動く
- 細かい話は苦手で、かなりざっくり
- 周囲に無頓着でマイペース

怪しさ満点!唯一無二の存在感

デニール・ヤング

NASA

元NASA職員、主任教官パイロット

〝心のノート〟に
メモっとけ

13巻#123「二つのノート」

D・B（拡散・受容）

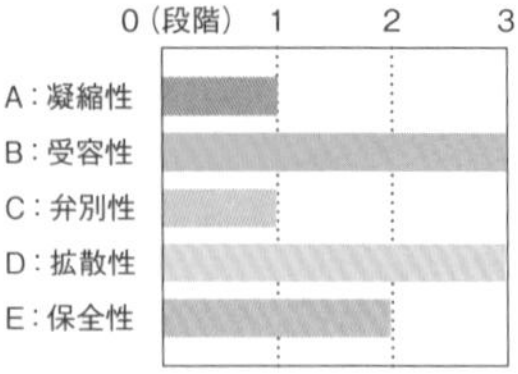
0（段階）
1
2
3
A：凝縮性
B：受容性
C：弁別性
D：拡散性
E：保全性

- 面白いことに積極的に動く
- 細かい話は苦手で、かなりざっくり
- 人当たりも良く世話好き

ちょっと天然なマドンナ

伊《い》東《とう》せりか

JAXA宇宙飛行士

チャンスは今ここにあります
27巻#258「使命」

E・D・B（保全・拡散・受容）

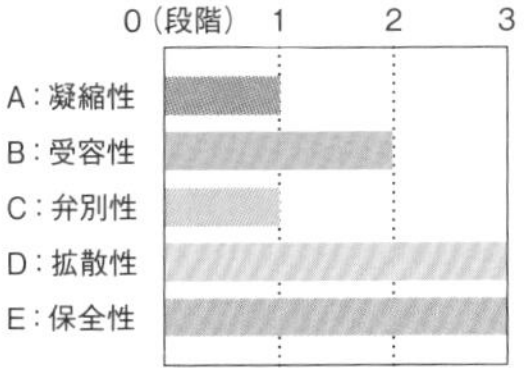

0（段階）
1
2
3
A：凝縮性
B：受容性
C：弁別性
D：拡散性
E：保全性

- 好き嫌いが判断軸になり、好きなことを積み上げげながら活発に進めようとする
- 子どもっぽく、優しいけれど、優柔不断になりやすい

劣等感を乗り越え、今は頼れる力持ち

アンディ・タイラー

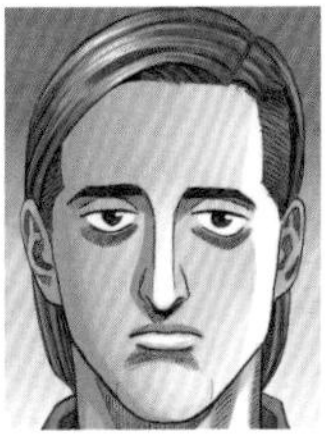

NASA宇宙飛行士、ジョーカーズのメンバー

考えるのをやめたさ
16巻#155「アンディ」

E・B（保全・受容）

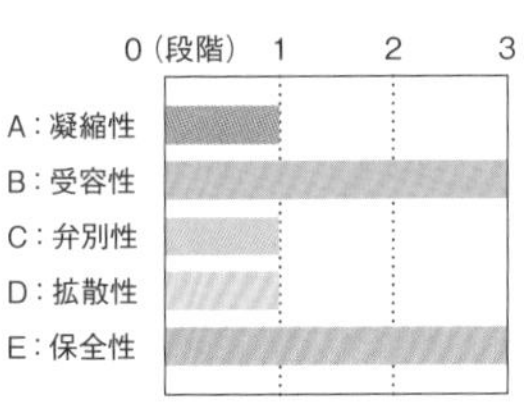

0（段階）
1
2
3
A：凝縮性
B：受容性
C：弁別性
D：拡散性
E：保全性

- 体系的に積み上げてきた経験知を活かしながら、柔軟に優しく対応していける
- 頼られると力を発揮する

宇宙へ３度目の挑戦、あきらめない男

福《ふく》田《だ》直《なお》人《と》

スイングバイ技術社員
（2025 年宇宙飛行士選抜試験受験者）

どうやら私の夢も
まだまだ続いていくらしい
5 巻＃ 43「夢の途中」

E・B・C（保全・受容・弁別）

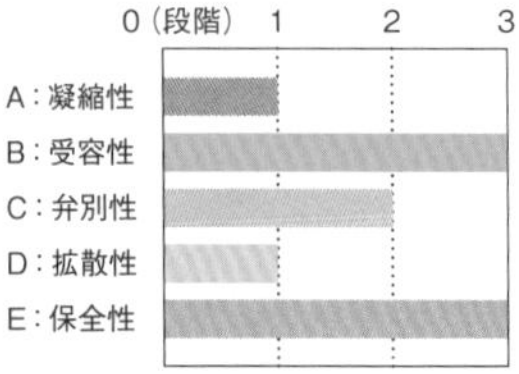
0（段階）
1
2
3
A：凝縮性
B：受容性
C：弁別性
D：拡散性
E：保全性

- **きちんと積み上げてきた経験知を活かしながら、柔軟で優しく対応していける**
- **合理的に考えることもできる**
- **頼られると力を発揮する**

挫折を知らないエリート

溝《みぞ》口《ぐち》大《やま》和《と》

2025年宇宙飛行士選抜試験受験者

ためしに、「2人選出」から
辞退してくださいよ
4巻#35「ねじれ者」

E・C・A（保全・弁別・凝縮）

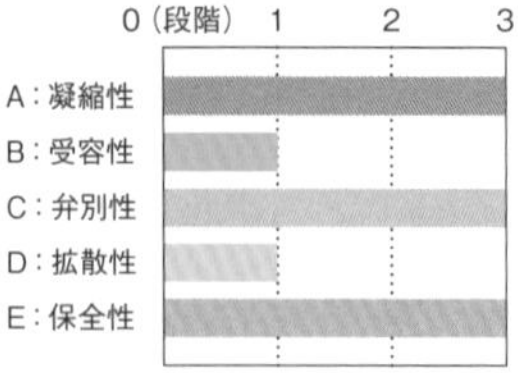
0（段階）
1
2
3
A：凝縮性
B：受容性
C：弁別性
D：拡散性
E：保全性

- **きちんと積み上げてきた経験知を活かしながら、徹底的に合理的に進める**
- **リスク回避に長けている**

1章

自己理解

「なりたい自分」を
捨てる

「なりたい自分」よりも「なれる自分」から考える

この章では、自分の個性を構成する各因子の特徴を説明していきます。

当然ながら、あなたが就活で訴えるべき個性も、企業が見る点も多岐にわたります。そこでこの章では、企業がよく学生に求め、学生側も意識している人が多い「リーダーシップ」の視点を中心として、5つの因子の強み、弱みを考えることとします。

今、強み、弱み、と軽く言いましたが、例えば「強み」とは一体何でしょうか。もしかすると、何か絶対的な特徴があって、それを備えることが「強みを持つ」ことだと捉えている人もいるかもしれません。しかし、FFS理論では、そうは考えません。

同じ個性がポジティブにもネガティブにもなる

その人の個性を構成する因子の特徴が、ポジティブに発揮されれば「強み」となり、反対に、ネガティブに表出されれば「弱み」になると考えます。

FFS理論では、人間関係や環境などから受けるストレスによって、その人の特性がポジティブに出たときと、ネガティブに出たときの状態が予想できます。ネガティブな状態にあると、その人がせっかく持つ強みが消えるだけでなく、周りからも「好ましくない」と判断・評価されてしまいます。人間関係でトラブルが生じる原因にもなります。一方、ポジティブな状態では、自分にとっての「自信」となり、周囲からは「頼られる」「好かれる」存在になれるのです。

自己理解が不足していれば、自分をポジティブに見せることが難しくなります。間違った自己認識による「理想の自分」に固執すると、ネガティブな状況に自分を追い込んでしまったり、理想と現実との不一致に苦しんだりすることになります。

本章で取り上げる「リーダーシップ」にしても、そのスタイルは色々です。「リーダーシップがある・ない」ではなく、「自分の個性に合ったリーダーシップの取り方」がある、と、ぜひ気づいていてください。

「自分はこうありたい」と強く願うあまり、「理想の自分」を「本当のあるべき自分」だと思い込んでいないでしょうか。だとしたら、それはあまりにももったいないことです。

「保全性」の自己理解

一歩踏み出す勇気がない……。周りが眩しく見えるのが悩み

「やってみたいことなら、自分にだってある。でも、なかなか動き出せないんだよな……」と悩みがちなのが「保全性」の高い人。すぐ動ける人に憧れがちですが、あなたの個性に向いているのは、慎重に吟味し、周到に準備するやり方です。自分の力を疑うよりも、自分の能力に自信を持って、チャンスをつかんでいきましょう。

「保全性」が高い人は慎重で自分に自信を持てない

1巻 #2「俺の金ピカ」

「これまでやったことはないけれど、やりたいこと」が出てきた、とします。

そのとき、あなたは後先考えずにすぐに飛びつきますか？　それとも、事前に関連情報を調べたり、経験者に話を聞いたりして、しっかりと準備してから始めますか？

後者の「準備してから始める」という人は、これから説明する「保全性」の高いタイプです。このタイプは日本人の多数派ですので、当てはまる人が多いのではないでしょうか。ちなみに、前者の「すぐに飛びつく」を選んだ人は、「拡散性」の高いタイプです。

「保全性」と「拡散性」はどちらも気質に由来する因子ですが、この2つの因子が持つ特徴は非常に対照的です（ちなみに残りの3つは環境に由来する因子）。お互いにまったく異なる個性を持つので、理解しにくい相手であり、逆に気になる相手でもあります。特に「保全性」の高い人が「拡散性」の高い人に対して、そう感じることがあります。

日本人を対象にこの2つの因子、「保全性」と「拡散性」だけに絞って比較すると、「保全性」の高い人は約65％、「拡散性」の高い人は約35％で、ほぼ2：1の割合です。日本人に多い「保全性」の高い人の特性と、その強みと弱みを知ることは、多数派の中で自分の力の出し方を理解して、差別化につなげるまたとない機会になります。

ぱっと動き出せないのはなぜか

「保全性」の高い人は、「確実に進めたい」「失敗したくない」という気持ちが強いために、物事を始めるときはとても慎重です。

また、周囲からの評価も気になります。「できないんだな」と思われることが嫌なので、何事も始めるときは十分に準備をしてからでなければ最初の一歩を踏み出せません。

すると、いつしか準備のための情報収集で満足してしまい、挑戦が後回しになってしまうことも……。能力があるのに足踏みしているので、周りからは不思議がられたり、「あいつは挑戦から逃げている」とマイナスに受け取られたりします。

このように書くと、「保全性」に後ろ向きでネガティブな印象を持つかもしれませんが、因子自体は思考・行動パターンの特徴を示すものであり、どれがいい、悪いという話ではないことを重ねて強調しておきます。

そんな「保全性」（そして「受容性」）が高い主人公、南波六太（ムッタ）が、宇宙飛行士を目指して奮闘、成長していくドラマが、人気コミック『宇宙兄弟』です。このあと「拡散性」のところで出てくるもう一人の主人公、弟の日々人（ヒビト）とは対照的に、他人と自分を比べてすぐ卑屈になり、宇宙飛行士になる夢まであきらめてしまうような、ネガティブ思考から抜けられない、どこにでもいそうなニッポンジン。

そんな彼が、周囲の助力をきっかけに立ち上がり、腰を据え、自分の誠実さ、ひたむきさで「他人を巻き込んでいく」能力に目覚めて、いつしか弟のピンチを救うまでになっていく。ドラマはまだまだ完結していませんが、彼の成長っぷりは読む人すべてを元気づける力があります。

さて、「保全性」は現状維持を好む因子ですから、この因子を持つ人は未知の領域に足を踏み入れることに躊躇します。つまり、とことん慎重な個性の持ち主なのです。

就活生の皆さんの中にも、何から始めていいのかわからずに戸惑ったり、「失敗したらどうしよう」と不安を抱いたりして、一歩を踏み出せずに悩んでいる人もいるかもしれません。就活は人生で初めての経験ですから、「保全性」の高い人がそう感じるのも当然です。

ただ、いつまでも立ち止まっているわけにはいきません。「とにかくやってみよう」と言われても、そんなに簡単に飛び込むことのできない「保全性」の高い人は、どうすればいいのでしょうか。

間違えてはいけないのは、「保全性」の高い人は、「新しいことができない」のではありません。自分に合った取り組み方をすれば、むしろ他のタイプよりもスムーズかつ着実に、新分野で成長していくことができるのです。要は、やり方です。就活に限らず、新たな挑戦や新規の取り組みを始めるときに、ぜひ意識していただきたいのは、自分の個性に合ったやり方を選ぶことです。自信を持ちにくい「保全性」の高い人が、過度な負担やストレスを感じずに就活を、そして人生を前に進める方法を、ご一緒に考えていきましょう。

保全性の高い主人公の成長を描く『宇宙兄弟』

「保全性」の高い人が新たな挑戦に臨むときの参考になるのが、『宇宙兄弟』のこの場面です。主人公のムッタが子どもの頃、近所に住む天文学者の金子シャロンの家で、初めて楽器を演奏したときのこと。複数の楽器の中からトランペットを選んだことを回想するシーンです。前作『あなたの知らないあなたの強み』でも取り上げましたが、「保全性」の特徴がこれ以上見事に表現されている場面はありませんので、再掲します。

……
スタ
スタ
スタ
スタ
ねえ ムッタ
「ここに トランペットが あります」
「ピアノも あります」
「ハーモニカも あります」
「ギターも 太鼓も ……」

「どれを
やって
みたい?」
……………
全部!

ええ――
全部
やるの?
だって
全部やって
みなきゃ
決められない
…………
昔 ムッタに
こう訊《き》いたら
全部!
って言って
片っ端から音を
鳴らしていったの
覚えてる?
1時間
かけて
それであなた
その中でなぜか
トランペットを
選んだのよ
どうして?
って訊いたら

1巻 #2「俺の金ピカ」

ムッタが、一つの楽器を選ぶ前に全部を試してみたのは、自分がよく知らないことや、わからないことを始めるのは不安で、すぐに決められなかったからでしょう。全部の楽器を確認してみて、「これならできそう」「これなら続けられそう」と思えたものを選んだのです。

「保全性」の高い人は、物事を始める前に抜け漏れなく調べて、「これで大丈夫」と思えれば、安心して前に進むことができます。ですから、事前の情報収集や準備がカギとなります。ただし、情報収集だけで満足してしまう危険性もあります。「そもそも何のために情報収集してたっけ?」と、当初の目的に立ち返ることが大切です。

だとしても、あれ? と思う方もいるでしょう。

「事前に『できそうかどうか』を確認した上で、なぜ一番難しそうなトランペットを選んだのか?」

ここにもう一つ、このシーンが「保全性」の説明として優れていると思わされる理由があります。

一歩ずつ積み上げて、高い目標に挑む

「保全性」の高い人は、一つのことにコツコツと取り組んで、知識やスキルを積み上げていくことを好みます。しかも、できるだけ高く積み上げたいのです。

「保全性」の高い人の成長プロセスは、山登りに例えるとわかりやすいかもしれません。登山家が、一歩一歩を踏みしめながら山頂を目指すように、地道な努力で少しずつできることを増やし、成功体験を積み上げていくのが「保全性」の高い人のやり方。その積み上げた高さが、じわじわと自信につながります。シャロンが示した楽器の中で、ムッタが一番難しそうなトランペットを選んだのも、それが地道な努力の末にたどり着けそうな〝一番高い山〟だったからでしょう。

何かを始めるときは、事前準備を怠らない。「これなら、大変だけどなんとかできそうだ」という見通しのもと、挑戦をスタートさせれば、あとはコツコツと継続するだけ。そして、知識やスキルの蓄積の上に自信を育んでいき、気が付けばみんなが驚くような高みにいる。それが、「保全性」の高い人の戦い方です。

一歩踏み出したら、やり遂げるまであきらめない。そんな粘り強さも「保全性」は持ち合わせています。

『宇宙兄弟』の登場人物で、ダントツに「あきらめない男」と言えば、54歳という年齢で宇宙飛行士に挑戦した福田直人です。ムッタとは宇宙飛行士選抜試験で知り合い、歳の離れた友人関係を築いていきます。

福田の宇宙への挑戦は、2度目です。

彼はもともと、JAXA（宇宙航空研究開発機構）と共同でロケット開発に携わる技術者でした。小学生の頃の夢は、「日本初の有人ロケットを作り、それに乗って宇宙に行くこと」。30代後半で一度、宇宙飛行士選抜試験を受けるも不合格。これが最後のチャンスと考えて、会社を辞め、背水の陣で2度目の選抜試験に臨んだのです。

「あきらめが悪い」とも言えますが、逆に「夢を追い続ける強さ」があります。ここに彼の「保全性」の高さを感じます。

あきらめの悪さ、粘り強さの底にあるのは「好き」

興味があることを追い続けるのは、「保全性」の高い人の特徴です（「保全性」が、「好き／嫌い」を判断軸に持つ「情動性」の因子であることが影響しています）。

「保全性」の高い人は、興味があるから、やりたい。「できなかったこと」が「できる」ようになると、そこに面白さを感じて、さらに取り組みます。いくつになっても成長意欲が旺盛で、努力を惜しまない人なのです。

そして、「保全性」の高い人が積み上げていくのは、経験や技能だけではありません。思いも積み上げていくので、執念深い。あきらめが悪いのです。

ちなみに、「拡散性」の高い人も、夢を追いかける強さを持っています。「拡散性」は、守りの「保全性」とは対照的に、「外に飛び出す、攻め」が特徴の因子です（どちらも「好き／嫌い」で判断する情動性の因子である点で共通しています）。

しかし「拡散性」は外向的な性質があるため、「保全性」のような執着心はありません。興味が続く限り夢を追いかけますが、興味が失せれば、他に移ることもあります。「拡散性」の高い人が「飽きっぽい」と映るのは、それが理由です。

福田に話を戻しましょう。54歳での再挑戦の結果はどうだったかというと、最終試験で不合格。夢は破れたのです。

しかし、福田はこれであきらめたわけではありませんでした。

落ち込む間もなく、技術者として再び宇宙を目指すことを決意するのです。

後日、ムッタに会うと、こう打ち明けます。

寝ても覚めても宇宙とかロケットのことばかり考えてしまう
アイスカイツリーム
どうしようもない性分でね
今は次に自分がやるべきことで頭がいっぱいなんだ
え…？
それは…ぶらり温泉ひとり旅のことじゃなく？
ははは温泉はもう行ってきたよ
3日で十分だった
実は…
「日本初の有人宇宙ロケットを一緒に飛ばさないか」ってね
民間の企業に誘われたんだ

話によると
その民間企業
というのが
ハンパじゃない
HOPE《ホープ》の開発に
携わった技術者の
立ち上げた
ベンチャーが
自前の技術で
宇宙旅行を
実現しようと
しているらしい
この人は
やっぱり
只者《ただもの》では
なかった
絵空事
じゃない
みんな
……
寝ても覚めても
宇宙やロケットが
頭から離れない
連中だ
血が騒ぐよ
どうやら
私の夢も
まだ続いて
いくらしい

5巻 #43「夢の途中」

「どうやら私の夢もまだ続いていくらしい」

その言葉どおり、福田は誘われたベンチャー企業で有人宇宙ロケットの開発に邁進します。また、宇宙飛行士になったムッタが月に行き、アクシデントで月からの帰還手段を失ったときには、ムッタの帰還を助けるために重要な役割を担います。JAXAやNASA(米航空宇宙局)と協力しながら、ロシアの宇宙船「ソユーズ」を日本から打ち上げるプロジェクトの責任者を務めるのです。このあたりの福田の胸が熱くなる活躍は、ぜひマンガで読んでみてください(35巻325話『有人ミッション』)。

「保全性」がハマる、「拡散性」への憧れ

正しい自己理解で自分の強みを活かせる人が活躍する一方で、自己理解が不足していると、自分で自分の足を引っ張ることになります。

「保全性」が高い人がとてもよく陥りがちな罠があります。

「拡散性」の高い人と自分を比べ始めるのです。

例えば、なかなか最初の一歩を踏み出せない人が、何事にも躊躇せずに飛び込む「拡散性」の高い人を見て、「自分もあんなふうになりたい」「思い切って飛び込まなきゃ」と思ってしまうのです。いわば「拡散性の罠」ですね。

「拡散性」の高い人と、自分を比べた「保全性」が高い人はどうなるか。「あの人はできるのに、自分はなぜできないんだ?」と落ち込みます。自分にはない強みを持つ相手と比べて、「自分はダメな人間だ」と自分を責めたり、自分を卑下したり。

何度も強調しますが、他人の個性を評価するのはいいけれど、うらやましがってマネをするのは、あまり意味がありません。

「拡散性」と「保全性」では持っている強みが違いますから、行動に移すタイミングが異なってくるのも当然です。仮に「保全性」が高い人が、目をつぶって「エイヤッ」とばかりに「思い切って飛び込ん」でも、準備も何もしていないので思いどおりにはいかず、焦るばかりです。そして、ますます自信を失ってしまう……。

身に覚えのある方も多いかもしれません。これ、本当にやりがちです。

『宇宙兄弟』でも、ムッタがまだ宇宙飛行士になる前、先に夢を叶えて宇宙へ飛び出した弟のヒビトに対して、劣等感を抱き、卑屈になりがちな様子が描かれています。2人とも子どもの頃から同じ夢を持ちながら、「拡散性」の高いヒビトは真っすぐに夢を追いかけて実現させたのに、「保全性」が高いムッタは夢をあきらめ、自動車開発のエンジニアの道に進みました。「兄たるもの、弟の先を行くべき」という自分の理想に反して、失敗を恐れて挑戦できない自分をふがいなく思っているのです。

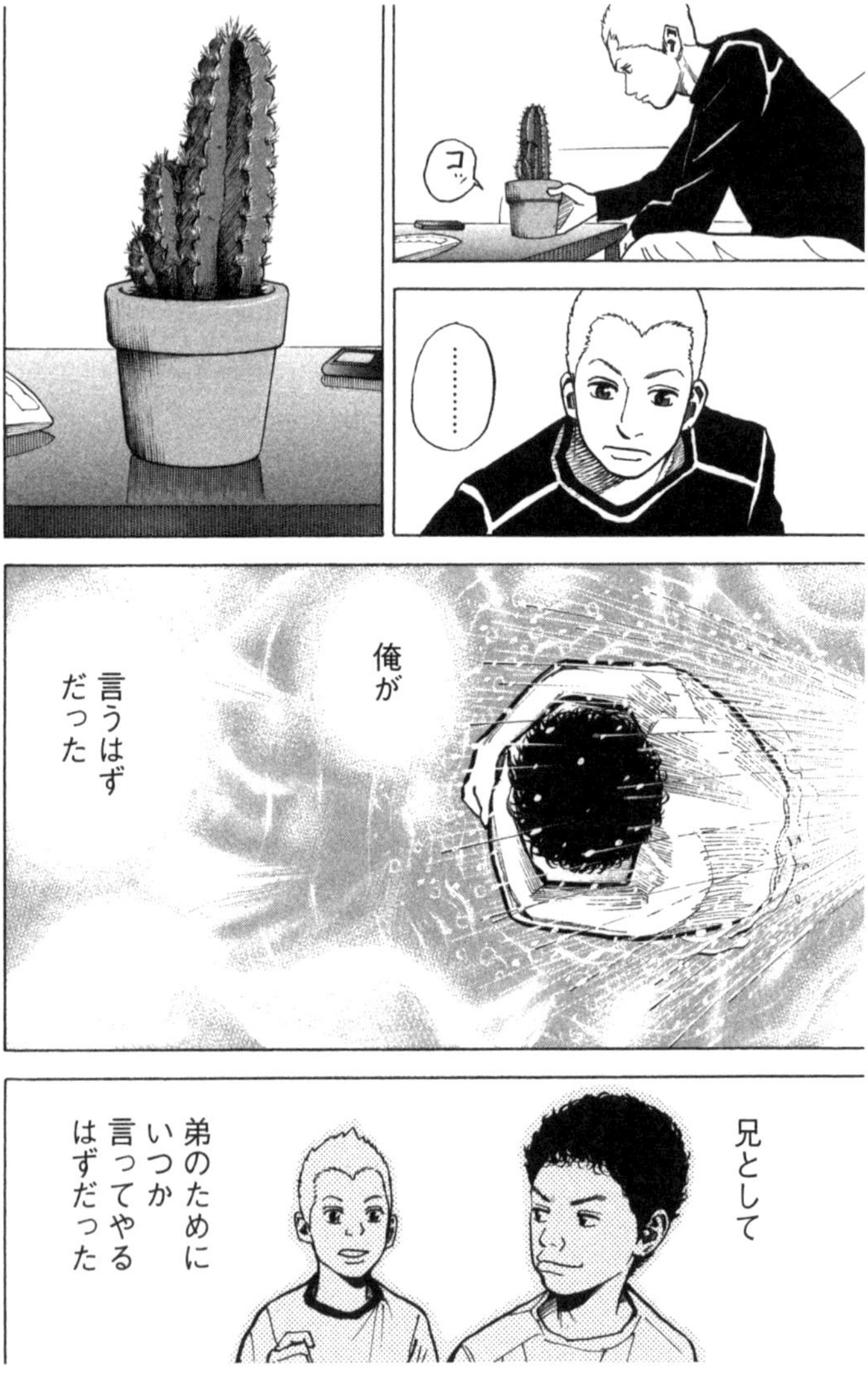
コッ
…………
俺が
言うはず
だった
兄として
弟のために
いつか
言ってやる
はずだった

2巻 #13「拝啓日々人」

「保全性」の高い人が「拡散性」の高い人と自分を比較して、本来の強みを見失ってしまう傾向は、就活でも見られます。

「エントリーシートに書くことがない……」

私は仕事の関係で、企業の採用担当者や応募する学生から生の声を聞く機会があるのですが、学生から、実際にこんな相談を受けました。エントリーシートを書くとき、「サークルやゼミなどで、これと言える肩書がなくて、語れる（派手な）エピソードがありません。どう書けばいいかわかりません」という悩みです。

この学生は、とても誠実に学業やアルバイト、趣味に打ち込んでいます。授業に真面目に出席し、夏休みに短期の海外留学に行き、アルバイトは4年間同じところで、バイト仲間をまとめる立場になりました。昔から続けている書道は三段。地道に取り組んだ結果として、それぞれ際立ったレベルに至っています。

ところが、「特に肩書があるわけではないですし」と、卑下するようなことを言います。なぜなのでしょう。だんだんわかってきたのは、この学生が落ち込んだのは、友人のエントリーシートを見せてもらったことからでした。

友人のエントリーシートには、大企業でのインターン、学生NPOの立ち上げ、サークル活動の実績などなど、華々しい活躍のエピソードが並んでいたそうです。それと（一見地味な）自分のエントリーシートを比較して、「自分はダメだ」と凹んでいたのでした。相談の主は、ＦＦＳ理論で個性診断すると、案の定「保全性」が高いタイプでした。

一方、彼の友人は正反対の個性のようです。ＦＦＳ理論で分析すると、おそらく「拡散性」の高いタイプです。

「拡散性」の高い人は、瞬発力が最大の強み。しかも、手順、ルール、枠組みを飛び越えてしまうことに躊躇がありません。人がなかなかできない体験をしたり、意外な人とのネットワークを築いたりします。また、自分で「こうしたい」と主張することにもプレッシャーを感じないので、集団の中で「リーダー」や「代表」という肩書を獲得しやすいのです。こうなると、エントリーシートに書ける派手なエピソードに事欠きません。「保全性」の高い人からすれば、どれも自分にないものです。そんな「拡散性」の高い人を、うらやましく感じるのもうなずけるのですが……。

しかし、個性が違えば、強みは異なります。繰り返しになりますが、「保全性」の高い人には、「保全性」の強みがあります。「保全性」の高い人に注意していただきたいのは「拡散性の人の強みがいかに眩しく見えても気にするな」ということです。慎重な個性の人が、失敗をものともせずに飛び込んでいける人をマネしても、辛いだけですし、どこかで必ず綻びが生じます。そもそも「保全性」の強みが出せなくなってしまいます。

「強いリーダーシップ」には向き不向きがある

「保全性」の高い学生が陥りがちなもう一つの落とし穴。それは、強いリーダーシップへの憧れです。

「保全性」の高い人の場合、リーダーになった、という実績や経験はあっても、〝自分の〟リーダーシップについて自信を持って語れない人が多いようです。

例えば、「私は大学のサークルで部長を務めていました」と自己紹介して、「リーダーシップを備えた学生」であることをアピールしようとします。ところが、「そのときあなたは、どんなリーダーシップを発揮しましたか?」と面接官に尋ねられて、「部長だったのは確かだけど、グイグイとみんなを引っ張ったわけではないし……」と、言葉を詰まらせてしまう。サークルなどでの役職経験を、うまく自分の強みにつなげて伝えることができていないのは、繰り返しますが、「リーダーシップ」についての思い込みが原因です。

「リーダーシップを持つ人」と聞くと、「決断できる」「メンタルが強い」とか、「メンバーを率いて、高い壁を乗り越えていく」といった姿を思い浮かべる人が多いようです。カリスマ性があって、率先垂範の、強いリーダーシップです。

ならば自分がリーダーとなって皆をまとめていくしかないのではないか…？
安心と興奮を同時に与えられるような
そんなリーダーに！
……
とうとう俺にも
この時が来たか……
ん？
みんな……
下っぱの俺が言うのもなんだが…
そーいうことだ！
次はビートルの操縦訓練！
さっさと食って片付けるぞ!!

……
そーいうことってどーいうこと?
何急にリーダーぶってるんだい
君には全然似合わないよ
あんたねェ
自分で〝下っぱ〟を自覚してんなら
下っぱらしくしたらどう?
……
いや……
まあ確かに……
FEEL SO MOON
チラッ
……
ムリすんな
FEEL SO MOON

18巻 #176「安心と興奮」

こんなリーダーになれたら、と思う気持ちはよくわかります。しかし、これは「保全性」の高い人が得意とするスタイルではありません。

「成功体験」があれば強いリーダーにもなれる

なぜなら、「保全性」の高い人は、「物事を確実に進めたい」、つまり「失敗したくない」という気持ちが強いために、周囲からどう見られるかをすごく気にします。周囲と協調関係を保ち、平穏で安心できる環境を望みます。そのため、反論を押し切って決断したり、先頭に立って切り込んだりすることが苦手なのです(これは決して「欠点」ではありません)。

それにもかかわらず、「先頭に立って、目標達成に向けてみんなをリードしました」といったストーリーを語りたくなるのは、まず「リーダーシップ」というものへの思い込みがあり、そして、「自分にないもの」に憧れたり、面接官によく思われたい気持ちがあったりするからかもしれません。

実は、「保全性」の高い人がリーダーとしてチームを強く率いることができる場合もあります。それは「自らの成功体験がある」ときです。例えば「既存事業の延長線にあるプロジェクト」や「過去成功したプロジェクトに似ている」ならば、〝予習〟が済んでいて、何が起こってもある程度想定できる範囲だからです。後で述べますが、「保全性」が高い人は、物事を体系化するのが得意ですから、成功事例に基づけば、先が見通せるのです。

しかし、まったく初めての案件、新規性や意外性を求められるプロジェクト、さらに納得するまで合意しない＝一筋縄ではいかないメンバー（拡散性や凝縮性が高い）がいる場合などは、そうはいきません。

基本的に不安が心中から消せません。「周囲の期待に応えよう」という気持ちもありますので、無理にでも引っ張ろうとしますが、「情報がない」「先が読めない」という理由から、一歩踏み出すことに躊躇します。「拡散性」や「凝縮性」の高い人からはますます突き上げられ、勝手に動かれたりします。すると「保全性」の高いリーダーはさらに不安になり、「私にすべて報告してください」とマイクロマネジメントをしようとして〝火に油〟を……。

と、会社人時代の経験を思い出してちょっと先走ってしまいましたが、「強いリーダー」のイメージに引っ張られると、「保全性」の高い人には苦しい状況に陥りがち、ということです。

「強いリーダー」への憧れの弊害は、実は採用側にも

そもそも、グイグイと周りを引っ張るだけがリーダーシップではありません。それなのに、就活生の方々がそういった「強いリーダーシップ」に憧れ、自分にも「強いリーダー

シップ」を投影しようとするのはなぜなのでしょうか。

これは、採用側のスタンスも大きく影響していると思います。企業の採用担当者に「求める人材」を聞くと、「変革に挑戦できる人」「組織を引っ張る人」と、皆、同じような人材像を語ります。「メンバーを率いて壁を乗り越えていくような強さ」をイメージする人が多いのです。こうした意識がメディアを通じて発信されるので、学生たちが、「強いリーダーシップをアピールしないと」と思い込むのも無理はありません。リーダーシップにはさまざまなスタイルがあることを理解している採用担当者もいますが、少数派です。

ちなみに、強いリーダーシップを発揮しやすいのは、「拡散性」と「凝縮性」の因子が重なった人です。「拡散性」の高い人は、興味のあることなら、周りの目やリスクを気にせず、自由で好き勝手に動く傾向にあります。「凝縮性」の高い人は、明確な価値観に基づきブレなく突き進みます。これらの2つの因子がうまく重なると、結果的にチームをグイグイと引っ張る存在になれるのです。

こういう人が身近にいると、「保全性」の高い人も、「ああいうリーダーになりたい」と憧れを抱いてしまうのかもしれませんね。しかし、これははっきり言えば「ないものねだり」ですから、それを目指そうとすると余計なストレスがかかり、ネガティブな状態に陥ってしまうことは先にお話ししたとおりです。

「保全性」の特徴を「ネガティブ」と「ポジティブ」で比較

ここで改めて、「保全性」の特徴と、それがポジティブに出た場合と、ネガティブに出た場合の見え方をまとめておきます。そしてその例を『宇宙兄弟』で見てみましょう。

（特徴）→（特徴が**強み**として発揮された場合の評価）

- 何事もしっかりと準備して取りかかる→慎重でミスが少ない
- 納得するまで情報を集める→抜け漏れのなさ
- リスクに敏感である→回避策も考えて成功する確度が高い
- 居心地をよくしようとする→日々、工夫改善していく

（特徴）→（特徴が**裏目**に出た場合の評価）

- 何事もしっかりと準備して取りかかる→スタートするまでが遅い
- 納得するまで情報を集める→情報を集めるのが目的化してしまう
- リスクに敏感である→物事を変えたくない、前例主義的になる
- 居心地をよくしようとする→枠組を死守しようとする

保全性のネガティブ状態

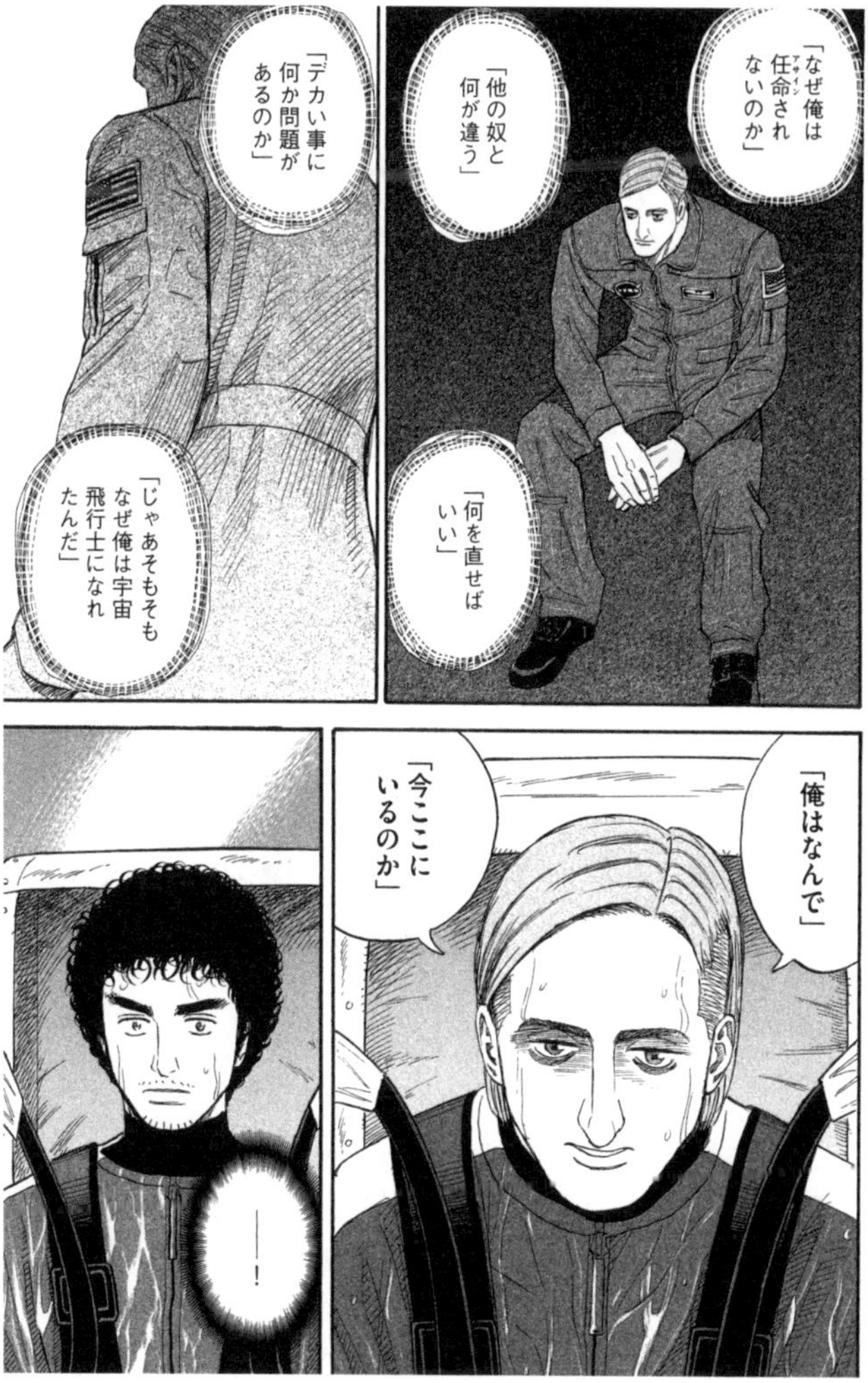

「保全性」が高いムッタの同僚、アンディ・タイラー。実力を見せる機会を与えられず、自分を疑い、自信の欠片もない「ネガティブ状態」だ。

16巻 #155「アンディ」

保全性のポジティブ状態

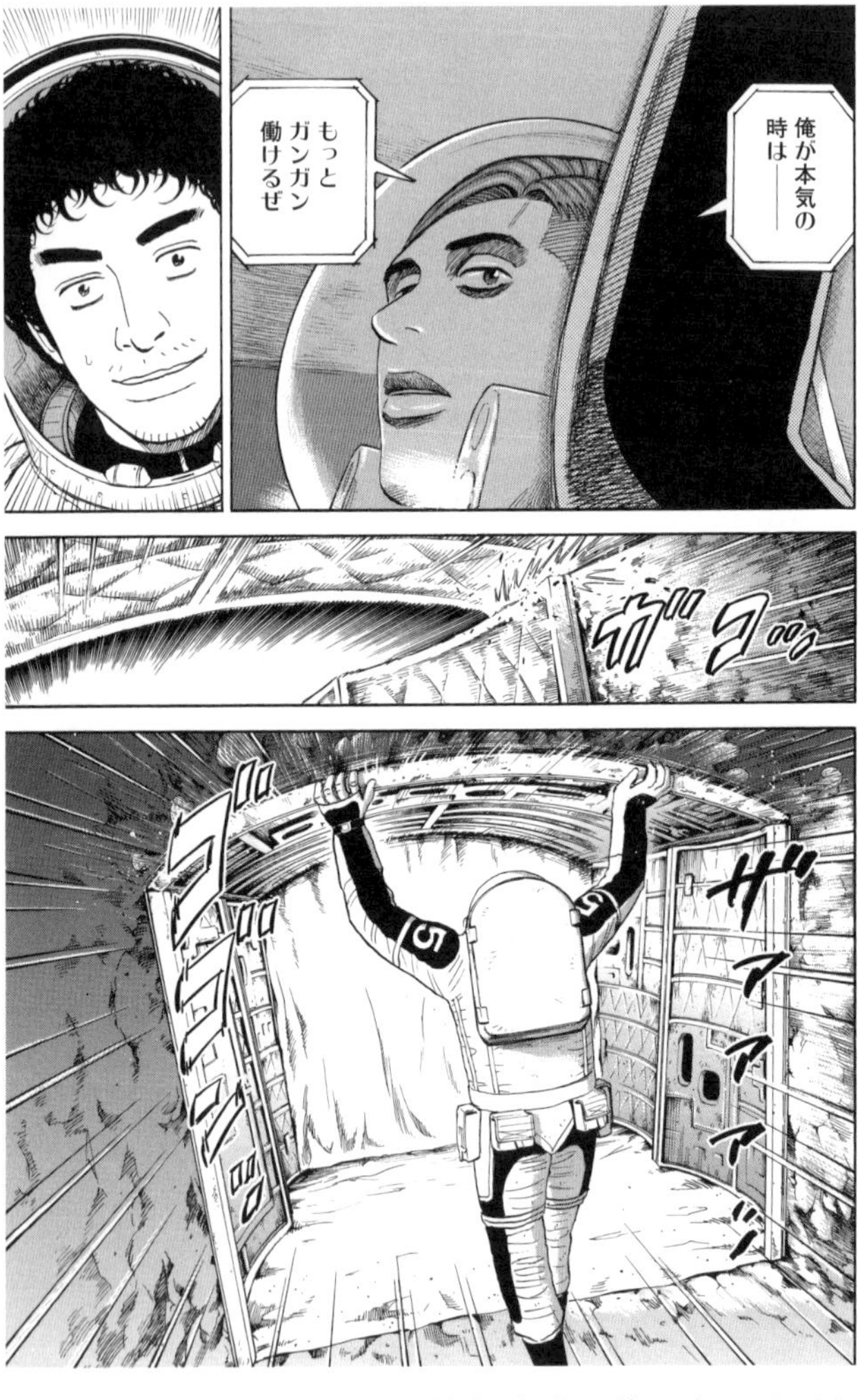

「考えるのをやめる」ことで成功し、自分の劣等感を乗り越えた彼は、無口はそのままだが自信に満ちあふれる「ポジティブ状態」になった。

32巻 #303「世界一大きい宇宙飛行士」

小さなことでもOK、「成功した」と思える体験を作ろう

「保全性」の高い人が自信をつけるには、成功体験を積み重ねていくことです。それは、小さいことでも、いえ、自信のなさを考えれば、小さいことほどいいのです。

大小ではなく、どんなことでもいいので自分ができることを増やし、「コツコツと積み重ねていく」ことは「保全性」の高い人の強みです。そう考えると、自信をつけるにしても、リーダーシップにしても、その人の個性に合ったやり方があるのです。

自分とは違う人間になろうとしなくていいんです。「保全性」の高さという自分の個性を活かせば、他者とは違うやり方で活躍できることを理解しましょう。

「着実に物事を進める」＝慎重さこそが、「保全性」の高い人の強みです。

これを何らかの成果につなげ、企業が求めがちな「リーダーシップ」の能力に活かすにはどうすればいいのかを、2章で説明しましょう。

まとめ

保全性

- 「保全性」の高い人の強みは、慎重に準備してから行動することで生まれる。
- 自分と対照的な「拡散性」の人などのやり方をマネるのはメリットがない。
- 「積み重ねる」のは小さなことからで大丈夫。ゆっくり高みを目指せ。

自由闊達で行動力抜群 根っこがないと「ダメ拡散」に

「やりたいこと探し」をするヒマもないほど、次から次へと新しいことに挑戦したいのが「拡散性」が高い人。組織や業界のルールにも縛られず、自由な発想で周囲を引っ張ります。しかし、本人の実力が付いていかず、単なる移り気な人間に終わることもしばしば。自己肯定がうまいので、ダメな人生にハマらないようご注意を。

「拡散性」が高いヒビトは、思いついたら当然即行動

1巻 #7「南波日々人のお兄ちゃん」

「拡散性」が高い人の第一の特徴は、その行動力です。

このタイプの人は、「興味があればすぐに行動に移す」という傾向があります。「未知なこと」でも、それが「やりたいこと」なら、失敗を恐れず突入してしまいます。過去の実績や前例にとらわれることなく、大胆に発想することが得意。なので周囲の動向には興味を示しません。とにかく自分のやりたいことをやろうとします。無軌道にも見えますが、思い切りの良さが周囲を惹きつけます。

これが、強いリーダーシップにもつながります。入社したら、上司や先輩が相手でも、自分がやりたいことには

気後れしません。「それ、面白くないです」と平気で反論し、「こっちをやりましょうよ」と別案を推してきます。「そのサービスに興味を持つ人いるのかなぁ」と上司が心配すると、「A社の社長に打診してみたら、利用したいと言ってました」とケロリ。

こんな個性だから、組織でも早くから活躍して一目置かれることも。例を挙げると、「拡散性」の高いTさんは、物怖じしない個性で、新人の頃からズバズバと言いたい放題。先輩からは〝煙たい存在〟と思われることもありますが、部長には「久々に面白い奴が来たな」と目をかけられていました。新規プロジェクトに部長の推薦で抜擢されると、破天荒なアイデアで自らプロジェクトを引っ張っていきます。先輩たちも次第にTさんを認め、いつしか彼が実質的なリーダーになったのです。プロジェクトを見事に成功に導いて、彼は新規プロジェクトに欠かせない存在となり、今では最年少のプロジェクトリーダーです。

もう一人のケースです。新人の頃から会社への文句が多く、「文句言い」とあだ名がついたUさん。生産子会社の対応の悪さにぶうぶう言っていたのがバレて、経営トップから「だったら、お前が行って改善してこい」と、子会社への出向を命じられました。出向は、サラリーマンにとっては出世コースから外れた印象になることが多いかもしれません。しかし、Uさんはしょげるどころか、「それいいですね！」と子会社に出向き、改革を断行して、グループ随一の品質と納期を達成してしまったのです。それ以降、「立て直し屋」と呼ばれるようになったUさん。出世よりも「面白いことをする」ほうがワクワクするのも、このタイプの人に見られる傾向です。

「拡散性」の高い人は、「人とは違うこと、自分にしかできないことをやりたい」という思いが強く、「オンリーワン」の存在でいることを望みます。強みが発揮されれば、いま紹介した二人のように、唯一無二の存在になれる可能性を秘めています。

絶体絶命のピンチを「動くこと」で脱したヒビト

『宇宙兄弟』の主人公の一人、南波兄弟の弟のヒビトは、こんな「拡散性」の特徴がよく表れた人物です。

ヒビトは、興味あることに対しては、考えるより先に体が動くタイプ。宇宙飛行士になる夢を真っすぐに追いかけて、劣等生のはずがみるみる成績を上げ、兄のムッタより先にその夢を叶えました。

「拡散性」の高い人には、有事に強いという側面もあります。逆境であればあるほど、やる気が出る人もいます。平時にわざわざ自分が出ていく必要もないけれど、有事になるとじっとしていられない。「自分がなんとかしたい」と血が騒ぐ感覚です。

ヒビトが、絶体絶命のピンチで、持ち前の行動力を発揮したシーンを見てみましょう。

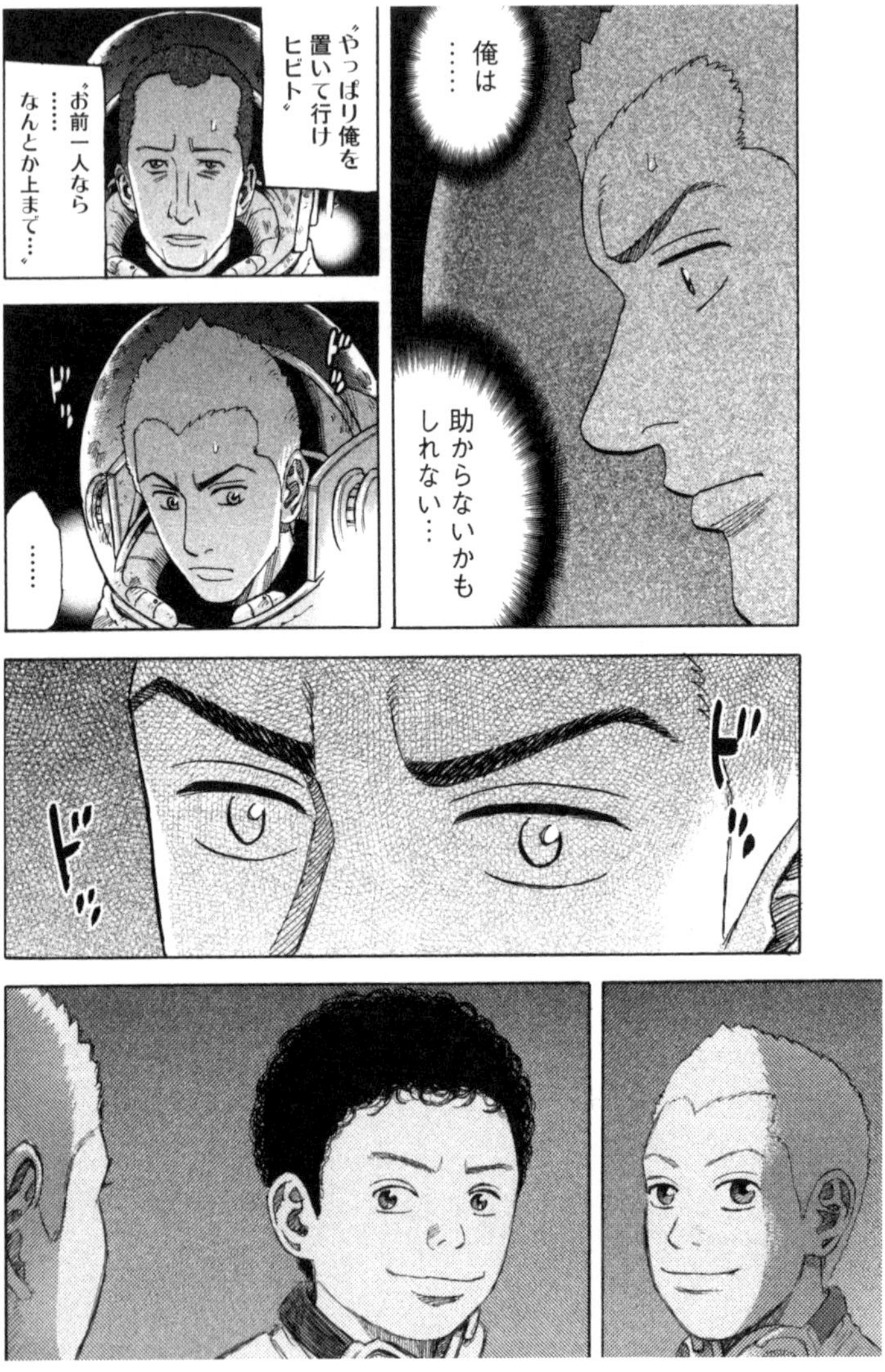
俺は……
〝やっぱり俺を置いて行けヒビト〟
〝お前一人なら……なんとか上まで…〟
助からないかもしれない…
ドッ
ドッ
……
ドッ
ドッ

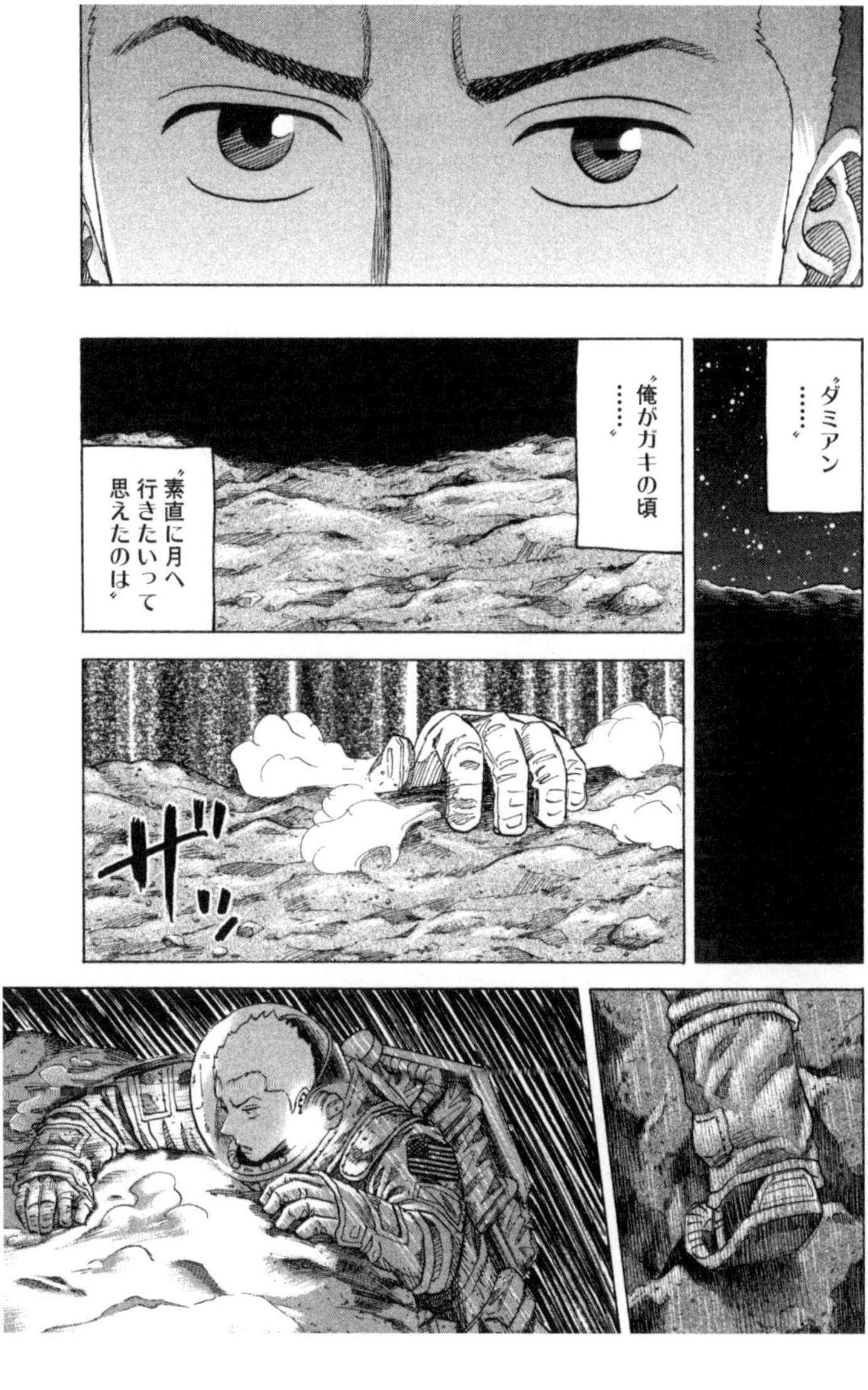
〝ダミアン……〟
〝俺がガキの頃……〟
〝素直に月へ行きたいって思えたのは〟
ザッ

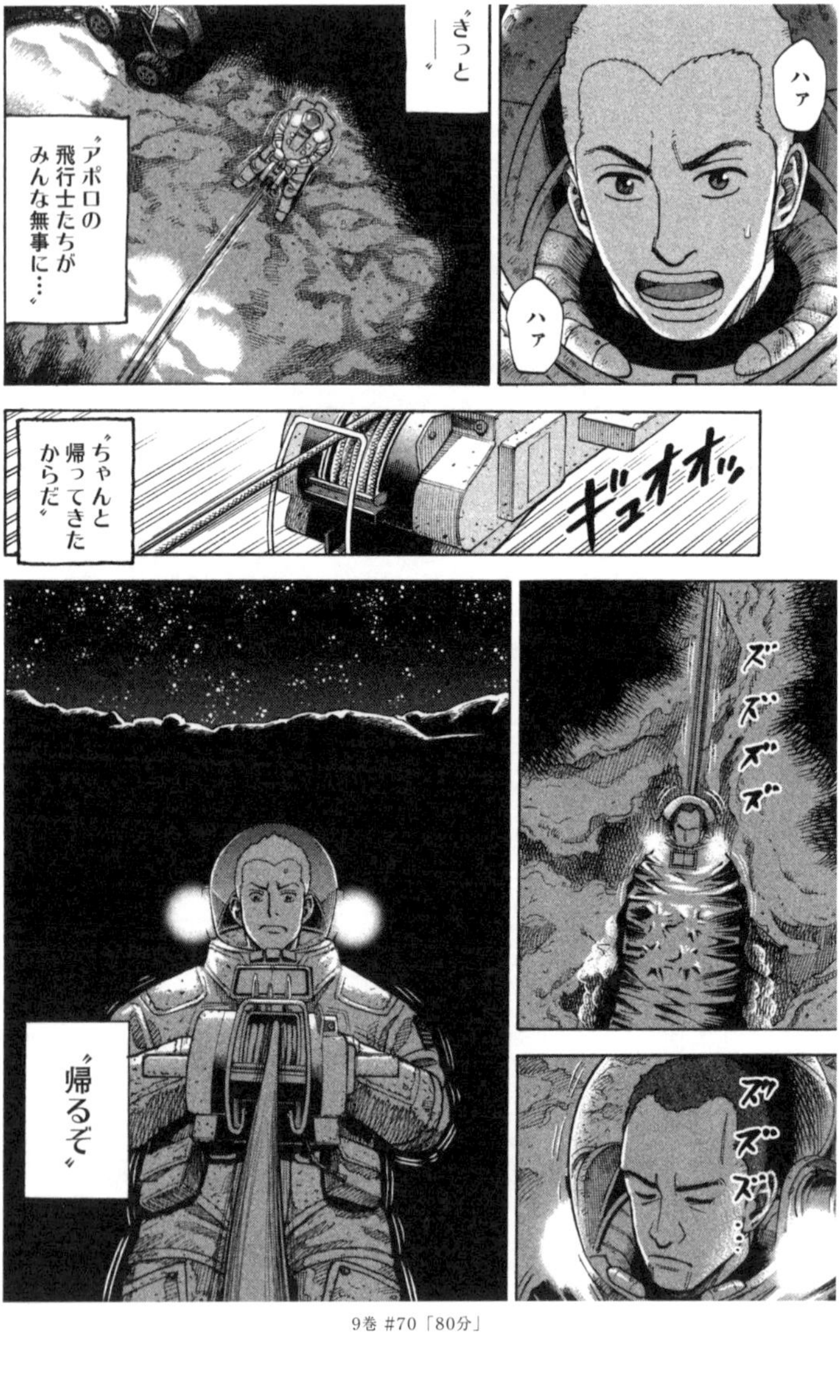
ハァ
ハァ
〝きっと――〟
〝アポロの飛行士たちがみんな無事に…〟
ギュオオッ
〝ちゃんと帰ってきたからだ〟
ズズズズ
〝帰るぞ〟
ズズズ…

9巻 #70「80分」

月ミッションの最中、ヒビトはもう一人のクルー、ダミアンと一緒にクレーターの谷底に落ちるという大事故に遭います。通信不能、ダミアンは負傷、ヒビトは酸素ボンベが破裂。

本来は事故が起きたら救助が来るまでその場で待つのが大原則です。しかし「この状況では、ルールに従って待っていては助からない」と判断したヒビトは、その場を離れて自力で脱出する道を選びます。酸素残量が切れるタイムリミットまであとわずか――。

「ヒビトは多分じっとしていない」と考えたムッタの機転と、それを信じた先輩宇宙飛行士・吾妻滝生（アズマ）の適切な判断、そして仲間の必死の救助活動によって、ヒビトとダミアンは奇跡的に助かるのです。これは「危機の際は動け」という話ではなく、「拡散性」が高い人は動くことで状況打開を図る、という例として理解してください。

自ら飛び出すことでチャンスをつかもうとする

ヒビトがこうした「拡散性」らしい方法で挫折から這い上がるエピソードも紹介しましょう。無事に生還したヒビトでしたが、事故の影響でパニック障害を発症し、宇宙飛行士の任務から外されてしまいます。リハビリで障害を克服したあとも、NASA上層部は現場への復帰を認めません。八方塞がりに見える状況を打破するために、ヒビトが取った行動とは。しばらく行方をくらましていたヒビトが、ムッタにメールを寄越す場面です。

「久しぶりムッちゃん しばらくずっと 死んでたけど」

なんとか最近生き返りつつあるよ。

「今はアメリカの いたる所を ブラブラと 一人旅してる」

「ムッちゃんとアポには ホント悪いんだけど」

「しばらくヒューストン には帰らないと思う」

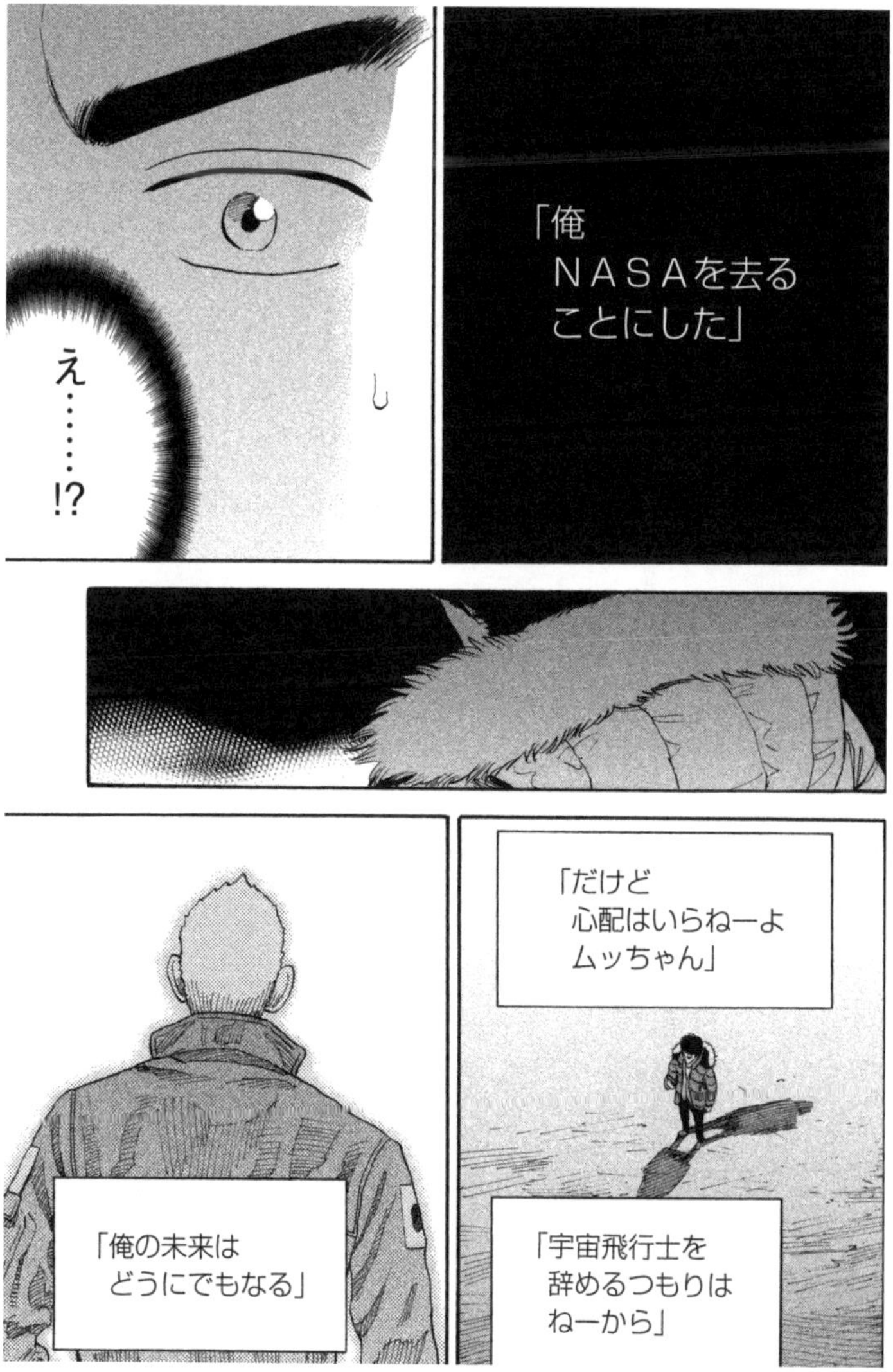
「俺
NASAを去る
ことにした」
え……!?
「だけど
心配はいらねーよ
ムッちゃん」
「宇宙飛行士を
辞めるつもりは
ねーから」
「俺の未来は
どうにでもなる」

ここまで
はっきり
……
言い
きるか
月面で会おう。
宣言した
ことは
大体実現
させやがる
からな…
あいつは
ほっとしたぜ
日々人…
19巻 #187「ピンチ男とビンス家」

ヒビトが出した結論は、「NASAを去る」でした。NASAという組織が自分にとって足かせになっているなら、その組織を去るのです。ただし、宇宙飛行士を辞めるわけではありません。

椅子が1つしかないとき、日本人の多数を占める「保全性」の高い人は、椅子の取り合いになる傾向があります。「保全性」の高い人は、発想が内向きになる傾向があるため、既存の枠組みの中で解決しようとするからです。

それに対して、「拡散性」の高い人は、目の前に椅子が1つしかなければ、外に出て、別の椅子を探しに行きます。発想が外に向かうため、椅子の取り合いにはなりません。既存の枠組みにとらわれず、自ら外に飛び出すことで、チャンスをつかもうとします。

逆境に立たされても、悲壮感はこれっぽっちもありません。興味を原動力に動く彼らは、「やりたい気持ちがあれば、必ずできる」と楽観的に思っているのです。これも「拡散性」の高い人の強みです。

行き当たりばったりで、残念な「拡散性」もいる

行動力にリーダーシップ、機動力、推進力、前例にとらわれないゼロベース発想……。こうして見ると、「拡散性」の高い人は、多くの企業が欲しい人材に合致しそうです。

だったら、就活は順風満帆！　かというと、そうとも限りません。自己理解が不足し、自分の強みを活かせていない人は、就活で挫折してしまいます。

実は、「拡散性」の高い人は、企業にとって有用なユニークな存在になり得るにもかかわらず、本人の未熟さが露呈することで「組織では活躍しづらい」「うちでは扱いきれない」という、ネガティブな評価をされることがよくあります。

失敗から学ばないと「ダメ拡散」になる

以前、知り合いに紹介されて会った学生からも、同じような印象を受けました。彼は「拡散性」が高く、フットワークは軽いのですが、就活では大苦戦していました。

サークル、ゼミ、自ら立ち上げたＮＰＯ、アルバイトと幅広い経験があり、同時に２つ３つの活動を掛け持ちするなど、精力的に動いていたようです。「自分にしかできないことをやって、世界に発信したい」と壮大な夢を語ります。

でも、どこか地に足がついていない印象です。

そもそも彼が取り組む個々の活動に関連性は薄く、彼がこれらを通して何をやろうとしているのか、私には伝わってきませんでした。

そこで、彼にこんな質問をしてみました。

「今、その夢に向かって、どんな取り組みをしているの？」
するとと彼は、「面白そう、と言ってくれる人はいますが、誰も協力的ではありません。冒険心のないヤツばかりです」と、自分のことを棚に上げてうそぶくのです。

本人なりに、自分のやっていることを「ユニーク」と思っているのでしょうが、事業的な裏付けがあるわけでもなく、周囲を巻き込んで動き出させるレベルにまでは至っていません。はっきり言えば、どの行動も「思いつき」なのです。話をする態度も、若干落ち着きがありません。私も彼と同じく「拡散性」が高いので理解はできますが、それでも気になってしまうほどでした。

未熟さを感じる理由は、興味のおもむくままに動くばかりで、無駄打ちが多いことです。どういうことかというと、失敗するのはいいのですが、そこから「これはやったらダメなんだな」と学んでいない。なので、同じような失敗を繰り返しているのです。そこを指摘すると、「俺は飽きっぽいですから」という答えが返ってきました。

確かに、「拡散性」の高い人には飽きっぽいところがあります。保全性でやったように山登りに例えると「8合目まで来て、頂上が見える。すると、『もういいや』と、急に他の山に行きたくなる」。そういうところが「拡散性」の高い人にはあります。

つまり、せっかく登ってきたのに、成功することが見えた途端、「ああ、こんなものか」

と対象への興味を失うのです。そして、興味を失えば、それまでの熱狂が嘘のように一気に醒めて、見向きもしなくなります。

しかし、この学生の場合はそれとは違います。

成功する道が見えたからではなく、単に好き嫌い、率直に言うと「ちょっとやってうまくいかない」あたりで、投げ出そうとしています。それを「飽きた」と言い換えているのです。

頂上までの「見極め」ができてから興味を失うのと、手応えすら得ていないのに飽きるのとでは、その体験から得られる知見には雲泥の差があり、後者は結果的に「同じ失敗を繰り返す」ことになってしまいます。好き嫌いで動くのは「保全性」「拡散性」の高い人の特徴で、悪いことではないのですが、「同じ失敗を繰り返さない」ために、自分の失敗パターンを避けようとする意識はありますか？

これがあるかどうかが就活、そして企業で働く際にも極めて大事なのです。これについては後で説明しましょう。

未熟な「拡散性」は組織的な行動ができない

こんなケースもあります。体育会の主将を務める、「拡散性」の高い学生です。

彼は、チームをまとめるアイデアや、練習のアイデアなど、面白い発想を持っていました。監督ともアイデアを擦り合わせながら練習プランを作ります。しかも、練習では自ら先頭に立ってチームを率いるので、頼もしく映ります。

ただ、自分の調子や気分がすぐれないときに、傍若無人な振る舞いをすることがしばしばありました。見かねた監督がこの学生を諭すと、彼は反旗を翻して、なんと、監督を退任にまで追い込んでしまったのです。理由は、「自由にやりたかった」からだそうです。「拡散性」の高い人は、「自由に動きたい」がゆえに、「窮屈さを感じたとき」に、過度に攻撃的になることがあります。この学生の場合も、監督の関与を窮屈だと感じ、攻撃に出たわけです。

しかし、組織的な窮屈さも、考え方一つです。「誰かに任せる」ことで自分なりの自由を確保することもできるはずです。

この学生の場合で考えてみると、監督はチーム全体の責任を負っているため、例えば「10年先を見据えて常勝集団を作ろう」という考えのもとで、新人のリクルートやトレーナーやスタッフの強化等にも取り組んでいます。一方、主将の役割は、自分たちの年代で成果を出すことです。

つまり、大きな方向性は監督に任せて、その中で「1年間で何がやれるか」を考えれば、実は自由度はかなりあるはずです。「長期的な視野を持つ監督がいたからこそ、彼は行動の自由を担保できていたのに」と、彼のためにも残念に思いました。

どの因子が高い人もそうですが、未熟な人は自己評価も甘くなりがちです。「拡散性」の高い人の場合、自分のことを評価してくれない人に対しては、「バカにした態度」で接する傾向があります。説明不足や自分の態度を棚に上げて「理解しないほうが悪い」と、他責的になったりもします。

特徴がネガティブに出ると「絶対採用したくない学生」に

改めて、「拡散性」の特徴と、それがポジティブ／ネガティブに出た場合の見え方をまとめておきましょう。

（特徴）→（特徴が**強み**として発揮された場合の評価）

- 面白いと思ったら、すぐにやってみる → 瞬発的な行動力がある
- 前例を破り、枠組みを飛び越える → 変革推進ができる
- 発想が飛躍する → 創造的なアイデアが生まれる
- 執着しない → 組織の力学や業界の常識から自由である

これなら難なく採用を勝ち取れそうに思えますが、裏目に出るとどうなるか。

（特徴）→（特徴が**裏目**に出た場合の評価）

- 面白いと思ったら、すぐにやってみる→行き当たりばったり、無茶苦茶
- 前例を破り、枠組みを飛び越える→組織的行動ができない、内部から壊す
- 発想が飛躍する→脈略がない、落ち着きがない
- 執着しない→飽きっぽい、地に足がつかない

絶対採用したくない学生になってしまいました。同じ「拡散性」の特徴を持ちながら、周囲に与える印象や本人が受ける評価に、こんなにも差があることがおわかりいただけたと思います。

因子の特徴がポジティブに発揮されているのか、ネガティブに発揮されているのか、それだけで天と地ほど就活の難易度が変わります。だからこそ、正しい自己理解に基づいて、自分の強みを活かすことが大切なのです。

それでは、われらがヒビトを例に、「拡散性」がポジ／ネガな状態でどのような印象を与えるかをご覧ください。

拡散性のポジティブ状態

子どもの頃から夢に見た月へついに降り立ったヒビト。自分のやりたいことを現実にして、超「ポジティブ状態」。周囲も彼の勢いに巻き込まれていく。

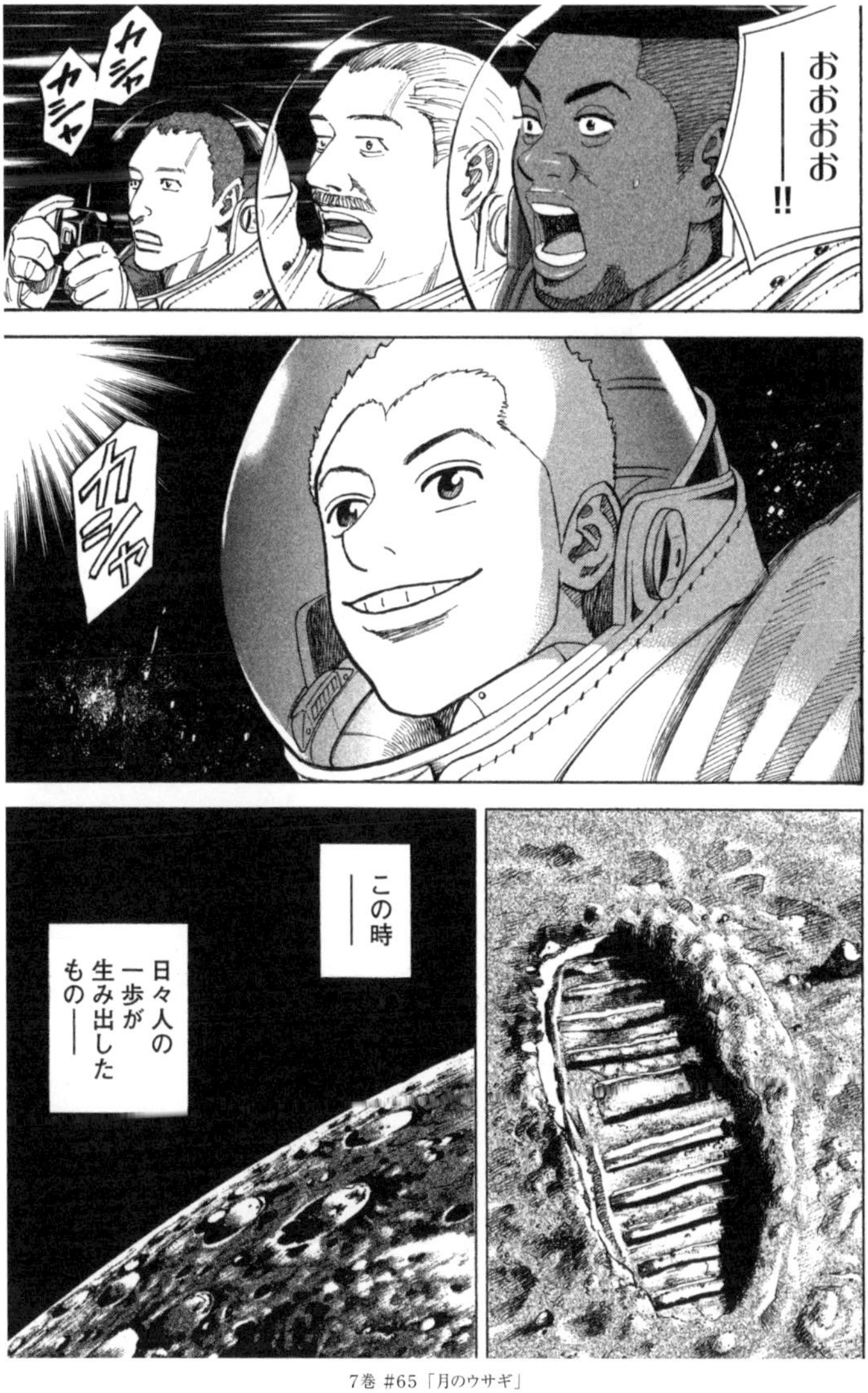
おおおお――――!!
カシャ
カシャ
カシャ
この時――
日々人の一歩が生み出したもの――

7巻 #65「月のウサギ」

拡散性のネガティブ状態

NASAで宇宙飛行士の任務を外され、あまり意味がなさそうな会議ばかりの日々を送る「ネガティブ状態」のヒビト。見るからにテンションが低く、やる気がなさそう。

17巻 #161「明日のために」

ポジティブな状態は、ヒビトが夢にまで見た月面での最初の一歩を踏み出すシーンで見られる、超絶楽しそうな笑顔です。アガる気分そのままに、誰よりも高い〝ムーンジャンプ〟をテレビに披露するヒビト。これが話題になって「ヒビット」なる、ウサギのキャラクターまで生まれてしまうのでした。思いのままに行動し、その楽しげな様子で周りを巻き込んでさらに大きなうねりを生み出す、「拡散性」の魅力的な面が十全に描かれていると思います。

一方のネガティブな状態は、月面での事故の後遺症で宇宙飛行士の現場から外されたヒビトです。管理職をあてがわれるものの、なんとも緊張感も刺激もない仕事。退屈すぎてストレスがマックス状態になっています。ユルすぎる周りの皆さんも「仮にもＮＡＳＡがこれでいいのか？」とは思いますが、珍しく周囲に対して（抑えてはいるものの）イラついているヒビトが見られます。私たちはヒビトの魅力をすでに知っていますから、「早くその座敷牢から出してやれ」と思いますが、初めてこのシーンをご覧になる方はどう感じるでしょうか。

自分自身を楽しく活かすために

勤め人だけが人生ではないけれど、企業に就職するならばまず何らかの評価を得ないと入社できないし、採用されても、「拡散性」が高い人が切望する〝やりたいようにやる自由〟は、そう簡単には手に入りません。何らかの成果を出してこそ、周囲も勝手気ままな行動を「なるほど、結果は出すんだな」と認めてくれるようになって、いいスパイラルに乗ることができます。そして、「拡散性」の高い人は新たな挑戦が得意なので、分野は選びますが、その特性を求めている企業も確かに存在します。

素質を潜在的に持ちながら、それが活かせないとしたら、自分としても、採用する側としても、非常にもったいないですよね。持てるものを最大限に活かすには、自分の「未熟さ」と「飽きやすさ」を認識した上で、それをカバーする方法と、特性として活かすやり方を知る必要があります。それについては2章をお読みください。

まとめ

拡散性

- 「拡散性」の高い人は、自分の興味関心に忠実に生きたいと願っている。
- 組織内の地位や業界の常識に縛られず、自由闊達な発想で周囲を引っ張る。
- 本人が未熟な場合、失敗から学ばないため移り気で我が儘に見られがち。

「受容性」の自己理解

就活向きの優等生！でも、決断するのが苦手？

日本企業に一番ウケが良いのがこのタイプ。なんといっても共感力が高く、人の面倒見がいいのがその理由です。本人も「誰かの役に立つ」ことが大好きで、喜ばれてさらにやる気を出します。前に出るほうでもないのに、面倒見の良さを買われてリーダーになることも多い。しかし、そこが逆に最大の弱点にもなるのです。

「受容性」が高い星加はまめに面倒を見る

2巻 #36「かべ！けんじ！」

68ページで、企業は学生に「強いリーダーシップ」をむやみに求めていないか？　と疑問を述べましたが、求人誌のアンケートなどで「企業が求める人物像」として挙がる項目としては、他にもこういうものがよくあります。

- **コミュニケーション能力の高さ**
- **主体的に行動できる人**
- **チャレンジ精神のある人**
- **柔軟な人**
- **積極的な人**

はい、なるほど。確かにどこの企業でも「これこそ〝欲しい人材〟だ」と言いそうな、基本的な特性が並んでいますね。これらの項目をほぼクリアできそうなのが、日本人に一番多い「受容性」の高い人なのです。ちなみに、「受容性」が第一因子か第二因子の人は64％、次に「保全性」「拡散性」と続きます。

「受容性」は、「周囲の人が幸せであることが、一番の喜び」と感じ、積極的に周りに貢献していこうとする因子です。そのため、「受容性」の高い人は、周りの状況を受け容れる柔軟性があり、相手のことを理解しようとするのでコミュニケーション能力も高い傾向にあります。皆を喜ばせたい、と主体的に動きます。

こうして見てみると、先ほどの「欲しい人材」にピッタリ当てはまります。

「面倒見のいいリーダー」として大活躍

「受容性」の高い人は面接官の話に「なるほど！」とよく耳を傾け、「よくわかります」と共感を示すため、面接官の受けもいいし評価も高い。人当たりも抜群です。

そして、「受容」という言葉からは意外な気がするかもしれませんが、私がこれまで多くの企業人や就活中の学生と会ってきて感じるのは、最もリーダー経験が多いのは「受容性」の高い人でした。面倒見がいいので、大学のサークルなどで「代表」「主将」「リーダー」などを経験しています。まさに、キラキラとした「ガクチカ」を持つ人々なのです。

企業の採用面接では、「リーダー」「リーダーシップ」という言葉や概念には、意外に大きな広がりがあります。先に書いたとおり、率先垂範、先頭に立ってみんなを引っ張って難局を乗り切る、というイメージが強いのですが、みんなの希望をまとめ、音頭を取って合意を形成していく「サーバント・リーダーシップ」もあります。

「受容性」の高い人がリーダーになりやすいのは、主に後者の面で評価されるからだと思われます。

面倒見のいい彼ら彼女らは、子どもの頃から「世話役」としてリーダーを務めてきた経験があります。そのため、中学生や高校生になると、過去の経験を買われ、リーダーに抜擢される機会も増えます。クラブ活動では、監督やコーチ、先輩たちからリーダーに推薦され、クラスでは委員長、さらに生徒会の役員に推薦されるケースも多いようです。同級生からも、「あいつなら皆をまとめてくれる」と一目置かれるようになります。

本人も「皆の役に立ちたい」という思いが強いため、推薦されれば、その役割を果たそうと頑張ります。頼られれば頼られるほど、頑張れるのです。

つまり、「世話役」という役割は、「受容性」の強みを存分に活かした活躍の仕方なのです。

やや余談ですが、「受容性」が高い人が学生時代にリーダーに推されるようになったのは、時代的な背景もあるかもしれません。私が中学生の頃は〝不良〟やガキ大将がたくさんいて、今よりも明らかに「一筋縄ではいかない相手」が目立っていました。「そういう人と対峙できること」も、リーダーの一つの条件でした。FFS理論でいう「凝縮性」（こだわりの強さ）や「拡散性」（現状から飛び出していく力）が求められていたのかもしれません。現代は調和を重んじる人がリーダーに推される機会が増えた、とも考えられます。

『宇宙兄弟』では、ムッタも「受容性」と「保全性」が高いタイプなのですが、他にも、人一倍面倒見が良く、部下や後輩から慕われている人物がいます。ムッタとヒビトの兄弟を子ども時代から見守ってきたJAXA職員の、星加正（ほしか ただし）です。彼も「受容性」が高いタイプと推察されます。宇宙飛行士を目指していましたが、選抜試験で不合格に。JAXAで働きながら、後輩たちに夢を託す道を選びました。

とりわけムッタにあれこれ手を差し伸べているのは、昔の自分と重ね合わせているからでしょう。先に宇宙飛行士になったヒビトを追いかけるように、宇宙飛行士選抜試験に姿を現したムッタ。ところが、ムッタの適性を疑問視し、落とそうとした審査員がいました。ムッタが前職の上司に頭突きした理由が、大きくねじれて伝わっていたのです。

自分は運がなかったから、宇宙飛行士になれなかった。でも、ムッタにはそんな経験をしてほしくない――。星加は、上司への頭突きの真相を突き止めるため、ムッタが以前勤めていた会社に自ら出向き、元同僚から話を聞きます。

南波六《むっ》太《た》……
実力はある
才能も……!
たぶんある!
もともと南波君の方が優位だったのに……
過去のあやまちがねじれ伝わったせいで不合格になってしまったら
運がなかったとしか言いようがない
それじゃ
俺と同じじゃないか

コッ コッ コッ コッ
俺だ
二村《にむら》君
南波君の件だが
まだ可能性は
ある
手伝って
ほしい
はい
はい
わかりました
やって
みましょう
星加《ほしか》さん
六太君
君は……
パカ
全く気付いて
いないだろう

あの時の「ツン君」が
宇宙飛行士となり
そしてあの「モジャ君」が
十数年ぶりに俺の前に現れた
俺の心は
ずっと躍りっぱなしなんだ!

2巻 #11「頭にまつわるエトセトラ」

ムッタの誤解を解くために積極的に動くところに、「受容性」が高い人ならではの面倒見の良さが表れています。また、「なんとかしてあげたい」と思ったら、じっとしていられないのも、周りの人の幸せのために自ら動こうとする「受容性」特有の行動パターンです。

こんな人が周りから好感を持たれないわけがありません。何事もない平時であれば、「受容性」の高い人は抜群の気配りを発揮して、うまくチームをまとめていきます。言い換えれば、平時に面倒見の良さを買われてリーダーに就任するわけです。

しかし、問題は、チームにトラブルや対立が生じたときです。例えば、サークルの運営方針や練習方法、文化祭の出し物などで意見が衝突し、感情面のもつれが発生する、といった場面です。

メンバーの意見が対立すると、途端に動けなくなる

こうした難しい局面に直面したとき、つまり「メンバーの利害が対立する」ようなとき、自己理解が不足している人は、「受容性」の本来の強みを発揮できず、自分に合わないやり方をして壁にぶつかってしまうことがあります。

ある体育会のリーダーを務めていた「受容性」の高い学生から聞いた話です。

彼が部のために良かれと思ってやっていたことが、一部の部員には不満だったようで、

彼らは反抗的な態度を取るようになりました。そこで彼が「まぁまぁ」と丸く収めようとしたところ、逆に不満が爆発し、火に油を注ぐ結果となってしまいました。

「自分は厳しいことが言えません。部内の亀裂をなんとか修復したいのですが……、皆のことを考えれば考えるほど、どうしたらいいかわからなくなって。こんな自分が情けなくて、自信をなくしています」

誰にも笑顔でいてほしい「受容性」の高い人にとって、誰かが満足すれば誰かが不満に感じる状況は、我が身を引き裂かれるような辛さを感じます。つまり、誰かの意見を切り捨てるような意思決定は苦手だということです。

「できれば対立は避けたい」。これが本音です。

ところが、彼がうまくチームをまとめられないのは、まさしくそれが原因です。

彼は皆の気持ちをおもんぱかるあまり、「誰も傷つけないための方策」を取ろうとしました。厳しい言い方をすれば、誰に対しても〝いい顔〟をしようとして、根本的な解決策を決めることができないのです。これは、「受容性」の特徴がネガティブに出た状態です。

『宇宙兄弟』で見てみましょう。前述のとおり、日本では星加がムッタをＪＡＸＡに迎えるべく奮闘しているのですが、その頃ムッタは米国で、ひょんなことから強盗を撃退し、「宇宙飛行士を目指す男がヒーローに」と大変な話題になります。しかし……。

ワァァァァ
ァァァ
何が……

何が「正義の前でウソはつけない」だ！
「美人の前で格好つけたい」が本音だろ！
……
なあオジー
実は本当のこと言うとさ
犯人倒したのって……
アポなんだよね
APO

実際に強盗を倒したのは、ムッタがヒビトから預かっていたパグ犬のアポでした。ムッタはこっそり逃げ出そうとしていたのです。

しかし、英雄扱いする周囲の気持ちに逆らえず、さらには「受容性」の特徴である、「周りの状況を受け容れる柔軟性」を発揮し、「この国の一つの正義を貫き通すために」強盗に立ち向かった、と、実にアメリカ人ウケしそうなスピーチまでやってしまい、大喝采を浴びます。でも内心は、「嘘をついてしまった」ことで凹んでいます。ムッタの人生にとって大きなチャンスをつかんだのに、ポジティブになりきれない。「決められない優柔不断さ」を見せているシーンです。

個性に合わないリーダーシップ、「ないものねだり」は禁物

前出の「受容性」の高い学生は、ビシッと厳しいことが言えない自分をふがいなく思っているわけですが、リーダーの役割を十分に果たせていないことで「周りの役に立てていない」ことも、「受容性」の高い人には心苦しく、大きなストレスに感じられます。さらに、彼の心の奥には、保全性のところでも触れたこんな思いが見え隠れします。

「リーダーなら、その場を仕切らなければならない」

「強い指導力でメンバーを導かないといけない」

といった、強いリーダー像への憧れです。

これまで多くの創業者やビジネスパーソンとお会いしてきて、「強い指導力」や「強いリーダーシップ」を発揮している人たちの個性をFFS理論で分析すると、個性を構成する5つの因子のうち「凝縮性」と「拡散性」が高い傾向が見られます。

この後で説明する「凝縮性」の高い人は、自分自身の価値観が明確なので、ズバッと決めることができます。また、先に取り上げた「拡散性」の高い人は、戦略的思考を持っている（言い換えると、現状維持にあまり興味がない）ので、チームの方針を語ることができます。

つまり、「凝縮性」や「拡散性」が高い人が強いリーダーシップを発揮できるのは、その人の個性として「潜在的な能力を持っている」からです。

訓練を積んだり、指導的な立場になったりしたからといって、後天的に習得できる技術ではない。習得したとしても、自分自身にとっては満足感、納得感が得にくい。FFS理論はこう考えます。

「受容性」の高い人が、「自分の価値観に基づいて決断実行できる、強いリーダー像」を追い求めることは、「ないものねだり」であって、無理があります。「自分はこうありたい」という憧れと今の自分を比べても、ただ苦しくなるだけです。

さて、冒頭で「『受容性』の高い人は、企業が欲しい人材にピッタリ当てはまる」と書きました。確かに「受容性」の持ち味は、（日本人に「受容性」が高い人が多いこともあって）日本企業が求めるものと重なるところが多く、内定は取りやすいはずなのです。

ところが自己理解が不足していると、なかなか内定がもらえず苦戦することになります。

体育会系のリーダーを務めた前出の学生が、就活で面接に臨んだ場面を想像してみましょう。

最初のうちは、「体育会系リーダー経験という肩書」や「人当たりの良さ」で高い評価を得られるかもしれません。しかし、1次、2次……と進むにつれ面接者のレベルが上がり、リーダーとして意思決定に至るプロセスや、意思決定後の実効性などについて詳しく問われると、途端にボロが出始めます。

例えば、「仲間と衝突したとき、どう対応しましたか？」と面接官に質問された場合、対立を避けて根本的な問題解決に至った経験がないので、「えっと、それほど強く自分の意見を主張したわけではないので……」と口ごもるしかありません。

強い指導力でチームを引っ張ったように話を盛ろうとしても、個性に反した内容であるだけに要所要所でズレが生じて、プロの面接官に見抜かれてしまうでしょう。そして「こいつは語れるエピソードがない、肩書だけの〝リーダー〟だったのか」と、むしろ評価を下げてしまいます。

「実力だと勘違いしているぞ」と面接官に見透かされる

「いや、そんなことはない。自分はリーダーとしての決断力も実行力も十二分に持っている」という「受容性」の高い人もいるでしょう。もちろん常に例外は存在しますが、周りに「凝縮性」の高い人や「拡散性」の高い人がいて、彼らとコンビを組んでいると、自分の「決められない」弱点を、本人が気づかないうちにカバーしてもらっていることがあります。

「凝縮性」や「拡散性」の高い人は、決断力や戦略的思考を潜在的に持ち合わせています。「自分たちはこうあるべきだと思う」とか、「あんなこともやったら面白そう」といった彼らの意図や思いを、「受容性」の高い人が汲み取り、彼らのために動くことで、結果的にチームを前に進めていける。そんな理想的な組み合わせが生まれることがあるのです。「受容性」の高い人が苦手とする「決断力」や「率先力」を、それらを得意とする「凝縮性」や「拡散性」の高い人が意図せずに補っている、という構図です。

こんな例もあります。サークルや異業種交流会などのコミュニティを調査したところ、ある程度の規模に拡大し、長く続いているコミュニティの特徴は、「受容性」の高い代表者がいて、「拡散性」と「弁別性」が共に高いナンバー2がいる、ということです。

「受容性」の高い代表者は、いつもニコニコして懐の大きさを示し、誰もが参加しやすい和やかな雰囲気を醸し出しています。一方、大胆な提案やゴタゴタを処理したりしているのは、「拡散性」と「弁別性」の高いナンバー2だったりします。ちなみに「弁別性」とは、白黒をはっきりさせ、合理的な判断を好む因子です。「拡散性」と「弁別性」が共に高い人は、「参謀のように動くこと」を面白がりますから、そんな彼や彼女の気持ちも汲んで、「受容性」の高い代表者が全体を取りまとめているのです。

これはとても理想的な個性の組み合わせと言えますね。

問題は、第三者には裏で動く参謀の働きはよく見えないので、代表者の〝優秀さ〟だけが浮かび上がりがちなこと。本人がそれを自覚していればいいのですが、自己理解が足りないと、「コミュニティがうまく回っているのは、自分のリーダーシップゆえだ」と勘違いしてしまいます。

実力を勘違いした人が就活で面接に臨むと、これまでの実績を自信満々で語ります。本人は「自分が正しい意思決定をしてグループを導いてきた」と思い込んでいるので、自分がリーダーシップを発揮したエピソードとして説明することになります。

しかし、面接官から見ると、「本人が強い意志を持ってリードしてきた」というよりは、「ナンバー2のアイデアを採用し、合意した結果」にしか映りません。よって「この学生は自己認識が甘いな」という評価になってしまいます。

「共感」しか武器がないまま社会に出ると

世の中には目の甘い面接官も多いですから、チェックを擦り抜けて、運よく内定を勝ち得た、ということも普通にあり得ます。しかしそうなると、入社後に「リーダーシップが期待したほどではない」「なぜかわからないけれど伸び悩んでいる」と見られる可能性が高くなります。

「受容性」の高い人は企業に入社すると、どの業界でも最初は「いい新人が来た」と思われることが多いのです。面倒見の良さを武器に、お客様や社内からある程度の評価を得ます。

例えば会議では、「シーンとした会議だと皆が落ち着かないだろうから、なんとかしてあげたい」と、司会進行役を買って出ます。学生時代から代表や主将の経験もあるので、議事進行は自分が担うべき役割、と思っているところもあります。

周りの意見やアイデアを尊重しながら、柔軟に会議や打ち合わせをリードしていくので、周りも安心して任せることができます。メンバーに共感を示しながら、チーム力を引き出すことにも長《た》けています。トラブルがなければ初級管理職（一般的には課長レベル）までは昇格できるでしょう。

しかし、課長よりさらに上を目指そうとすると、話は別です。ポジションが上がるほど、スキルや豊富な経験知を持つ同僚や諸先輩たち、クセの強いお客様とうまく渡り合っていかなければなりません。そして当然ながら、最も苦手とする「利益が相反する」状況下での決断を迫られる場面も増えていきます。

そのようなときに、学生時代のようにあうんの呼吸で自分のことを理解してくれる仲間や、コミュニティで支えてくれたナンバー2のような存在が身近にいればいいのですが、本人が自覚してそういう人と組むようにしていなければ、かなりの「幸運」が必要です。「受容性」の取り柄である「面倒見の良さ」や「共感力」だけでは、重要事項を決定し、組織を動かすことができません。

これが、社会に出てから「受容性」の高い人が伸び悩む一番大きな原因です。

「受容性」は「無理に決めなくていい」ことに気づこう

どちらを取るか。どちらにも不満を感じてほしくないから決められない。そして行き着く先は、「今日は決められないから」と先延ばしの決定をするだけのリーダー、あるいは、自分の考えを持たずに、「会社方針にのっとります」と上からの指示を流すだけのリーダーです。よく考えれば、自分が組織を委ねられた理由から推し量ることで、決断すべきポイントが見えてくるはずなのですが……。

このように書くと、なんだか「受容性」の高い人はリーダーに不向きだと言っているように思われそうですが、決してそんなことはありません。自分の個性に合わないやり方をすれば、そうなってしまうということです。

「受容性」の特徴と、それがポジティブに出た場合と、ネガティブに出た場合の見え方をまとめると、次のようになります。

（特徴）→（特徴が**強み**として発揮された場合の評価）

・役に立ちたいと積極的に動く→面倒見がいい人
・皆のアイデアを実現してあげたい→周りを優しく支援する人
・相手のことを柔軟に受け容れる→相手に合わせたコーチングをする人（管理職に多い）
・「なるほど」「一理ある」とうなずく→場の空気をよくしてくれる

「周りを受け容れる柔軟性」という特徴が強みに発揮されると、「面倒見のいいリーダー」になれます。

でもそれが裏目に出ると、印象がガラリと変わります。

（特徴）→（特徴が裏目に出た場合の評価）

・役に立ちたいと積極的に動く→お節介で、介入してくる人→相手が喜ばない場合、「自分なんて…」と自虐的になる

・皆のアイデアを実現してあげたい→一つに決められず、優柔不断な人

・相手のことを柔軟に受け容れる→相手は答えを求めているのに、答えを出さない、無責任な人

・「なるほど」「一理ある」とうなずく→なあなあになり、会議が深まらない

「受容性」が高い人のネガ／ポジの例を『宇宙兄弟』で探してみると、ムッタたちアスキャン（宇宙飛行士候補生）のサポート役で、パラシュート技術者のピコ・ノートンがいました。

過去の帰還船事故にまつわる後悔と自責の念から、投げやりになり、まるでやる気がありません。アスキャンの演習課題にも協力する気ゼロ。

しかし、ムッタらのめげなさと技術的なセンスが、ピコのエンジニア魂と受容性の「人の役に立ちたい」気持ちに点火しました。こいつらなら、自分が力を貸すことで、成功して、幸せになれるかもしれない。

その思いが彼のポジティブな面を引き出したシーンまでを見ていきましょう。

受容性のネガティブ状態

くーっ
ポロッ
お前らか
俺と組む羽目になった
どーしよーもねえ最下位チームは
さて……

パラシュート技術者ピコ・ノートン。ブライアンを事故で失ったことから
自責の念に駆られ自暴自棄ぎみになり、やる気を完全に失っている。

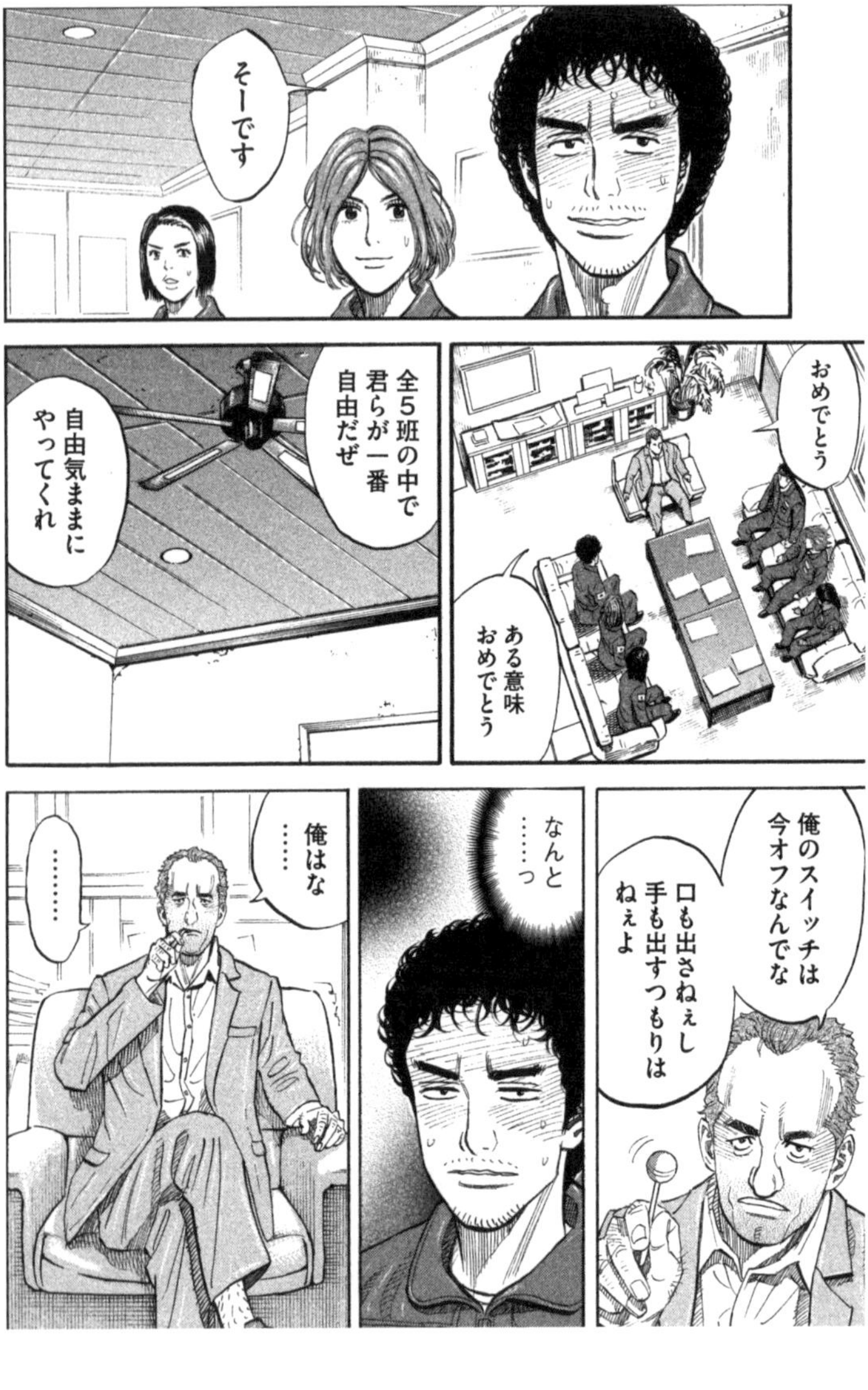
そーです
おめでとう
ある意味
おめでとう
全5班の中で
君らが一番
自由だぜ
自由気ままに
やってくれ
俺のスイッチは
今オフなんでな
口も出さねぇし
手も出すつもりは
ねぇよ
なんと
……っ
俺はな
……
………

ギュイッ
……
ブッ
俺は君らが
どォ〜〜〜〜〜うなろうと知ったこっちゃねぇし
ポリ ポリ
それこそ屁でもねぇ
……
……屁は出すんだ

11巻 #102「残りモノ」

受容性のポジティブ状態

ムッタらのチームのそばにいる間にその柔軟な発想に触れ、技術者として「彼らの役に立ちたい」という気持ちがふつふつと湧いて「ポジティブ状態」になっていく。

おお〜〜〜〜〜〜!
そうだね!
いいことだらけ!
スポンジ――!?
…………
考えたこともなかった……!!
で……次は問題のパラシュートだけど……

パラシュートの
ポリ
ポリ
「パ」ぐらいは
教えてやっても
いいかな

11巻 #105「技術者のスイッチ」

まだ強面を装っていますが、ピコのツンデレぶりはバレバレでしょう。ここからピコは見事なサーバント・リーダーとして、ムッタたちを導きます。

「受容性」の高い人が、ポジティブな面を自分の中から引き出すには、利益が相反した状態のままで、どちらかに「決める」こと自体を避ける必要があります。二律背反が強いストレスを生む、ということです。皆の意見を尊重しすぎるため、反対意見があると、押し切って決めることに抵抗を感じます。率直に言えば、「決める」ことは苦手なのです。

これが、「受容性」の高い人の個性が持つ、最大の弱みであり、強みに変えるべき重要なポイントでもあります。

決断を強いられる局面はビジネスには日常茶飯です。面接官もそこを突いてくるでしょう。だったらどうするのか。答えは「無理に自分が決めなくてもいい」です。

本当に何も決めないのでは空中分解してしまうので、グループとして何らかの意思決定をする必要はあります。あなたが目をつぶって「エイヤッ」と決めなくても、皆の意見を尊重し、柔軟に対応しながら調整していける「受容性」の強みを活かした意思決定のやり方を知ることが解決策です。自分の個性を受け容れた先に拓ける本来の強みの活かし方を、2章で解説していきます。

まとめ

受容性

- 「受容性」の高い人は、人の役に立ちたい気持ちが強く「共感」が得意。
- 弱点は「決断」。誰かの意見や気持ちを否定することが大の苦手。
- 二律背反の状況に追い込まれたときの対応が就活の勝負を決める。

「凝縮性」の自己理解

正論を貫く強い個性の持ち主 企業にとっては「面倒そう」?

「凝縮性」が高い人は信念を持つ人です。自分自身が考える〝正しいこと〟ならば、それに従って、正論を堂々と主張します。空気は基本的に読みませんし、決めることにもためらいは感じません。組織変革のリーダーに最適なタイプですが、日本社会には少ない分「何かとこだわる、面倒な人」扱いされてしまう危険もあります。

「凝縮性」が高い人は、自分の考える“正しさ”に忠実

6巻 #52「一つの質問」

唐突ですが、日本の政治家、そして企業経営者はよく「現状打破」「変革」を訴えますよね。裏返すと、それほど日本社会の「現状維持」指向は強い、ということにもなります。

そもそも「変革意欲」がなぜ生まれるかといえば、今の社会や仕組みが「おかしい」「問題がある」と思っているからです。だから、変えたいのです。現在の日本を考えると、確かに「素晴らしい」とは言えないものの、「悪い」と言い切るほどでもありません。まあ、ほどほどの状態ではないでしょうか。そんな世の中にもかかわらず、「問題がある、変えなくてはならない」と主張するのが、「凝縮性」の高い人です。

なぜ「凝縮性」の高い人が変革を訴えることが多いのか。

「凝縮性」の高い人は、こだわりが強く、「かく

あるべき」という明確な価値基準を自分の中に持っているからです。社会に対しても「あるべき理想」を掲げて、「これを実現すべきである」と〝正論〟を述べる傾向があります。「環境問題」「経済格差」などに対して、現状を批判的に捉え、問題点を突き止めようとし、改革の実行を求めます。

自分の信念に忠実な人

明確な価値基準があるため決断力があり、こだわりの強さからブレがない。自分が正しいと思ったことは「自分もやるのが当たり前」という責任感と、やり切る覚悟を持ち、正義や道徳といった価値観を大切にします。変革の理想に燃え、推進力が高い「凝縮性」の高い人は、厳しい競争下で生き残りを目指す日本企業ならば、ぜひ欲しい人材です。

『宇宙兄弟』には、「凝縮性」の高い人のお手本とも言えるキャラクターがいます。NASAの偉大なベテラン宇宙飛行士、ブライアン・Jに薫陶を受けた、JAXAの宇宙飛行士、吾妻 滝生（アズマ）です。

日本人初の司令船パイロットとなって月を周回、その能力の高さと信頼感から、NASAでも尊敬され、マスコミからは「初の月面着陸を果たす日本人」として期待を集めました。冒頭のコマのように、「死ぬ覚悟はあるか」の質問に相手がどう答えるかを、信じられる相手かどうかを見極める基準にしているようです（これはブライアンからアズマが受けた質問でした）。人に対しても自分のこだわり、信念が感じられます。ブフイアンに見る「凝縮性」の特徴は前作『あなたの知らないあなたの強み』で詳しく取り上げています）。

もう一人、ムッタと共に月ミッションに任命されたジョーカーズの紅一点、NASA宇宙飛行士のベティ・レインも「凝縮性」の高いタイプです。訓練では、ランニングも筋トレも、男性と遜色ないかそれ以上かもしれないほど鍛えています。ムッタが声をかけると、睨まれてしまいました。「男社会の中で彼女がいる意味わかるか。男以上に男らしい」とチームメイトの飛行士、カルロ・L・グレコに言わせるほど、とても強い女性なのです。

彼女には、一人息子のクリスがいます。クリスが生まれたとき、同じ宇宙飛行士の夫、タックとは、「クリスが大きくなって、『宇宙に行きたい』なーんて言ったら感動ものよね」と話していました。しかし、クリスが3歳のとき、タックは事故で亡くなってしまうのです。

当時、子育てのために現場を離れていたベティは、一人息子のクリスを不安にさせないために宇宙飛行士には戻らないつもりでした。家で宇宙の話もしなくなりました。

ところが、事故から数年が経った頃、クリスが再び宇宙に興味を持ち始めたのを見て、彼女は復帰を決心したのです。6歳の誕生日プレゼントに「地球儀がほしい」とクリスが言ったことを、「たまらなくうれしかった」とベティは振り返ります。

……
だけど
3年ほど
してあの子
地球儀が
ほしいと
言い出して
また宇宙の話を
しはじめたの
ねえママ
月から見た
地球って
どんなかな?
私は
それが
うれしくて
……
父親の
かわりに…
私が
あの子の
問いに
答える
つもり

18巻 #178「ベティ」

母親と父親の二役を引き受けながら、ベティは宇宙を目指します。そしてついに、ジョーカーズの一員として月に降り立つのです。彼女の強さはどこから来るのでしょうか。

守るべき対象を持ったとき、人は強くなります。そして、個性からくる強さもあります。シングルマザーが子育てしながら、男性に引けを取らずにバリバリと活躍するのは、たやすいことではないはずです。「息子のために宇宙に行く」「父親役も担う」と決めたら、それをブレずにやり抜く強さ。ベティに「凝縮性」の高さを感じる所以です。

また、彼女は「拡散性」も高そうです。周囲の評価には無頓着。マイペースで事を進めていきます。言いたい放題な面もあります。オンリーワンの生き方です。前例なんて関係ありません。「私の生きた後ろに道ができる」。そんな感覚なのです。

ベティは月ミッションの最中、事故に遭って大怪我を負い、地球への帰還を待たずに緊急手術が必要なほどの危機的状況に陥ります。しかし、父親を失ったときと同じ悲しみを二度とクリスに味わわせないために、クリスの待つ地球に何が何でも帰らなければならない――。彼女の強さのほどは、ぜひマンガで確認してみてください。

さて、もうおわかりのとおり、ここまで見てきた中で、企業が求める、いわゆる「強いリーダー」に一番当てはまるのは「凝縮性」が高い人です。ならば就活では大人気か、というと、案外そうでもありません。なぜでしょうか。

パチ
パチ
タックを亡くしたとき…
クリスはまだ3歳だったから
今じゃ ほとんど記憶にないみたい……
父親のこと
自分の父親をよく知らずに
今は母親と過ごす時間も少ない…
クリスは私のこと 応援してくれてるけど
……

34巻 # 321「クリスの母親」

自らの規範にこだわりが強い「凝縮性」の高い人は、たいてい強い正義感を持っています。そして、正論を何のてらいもなく堂々と主張します。良いことですが、こだわりが強すぎて融通が利かないところもあります。また、正論は「あるべき正しさ」を示すために〝正しい〟のですが、主張しすぎると、これまたハナについて嫌われます。

そもそも、同じ主張でも、本人が何にこだわってその主張をしているのか、主張する背景には何があるのかによって、相手の受け止め方は違ってきます。こだわりが利己的で偏狭な考えに基づくものなら、周囲は共感や理解どころか反発するだけでしょう。

「なんだか面倒そうなヤツ」と嫌われる

問題は「凝縮性」が高い人がどこまでそれに気づいているか、です。

気づかないまま面接に臨むと、持論を押し付ける独善さが目立ち「支配的に振る舞う人」と評価され、組織で働くには問題がありそうだ、と見られたりします。

いかにも能力がありそうな学生の場合、こいつを入れたらトラブルの元になるのでは、と懸念を持たれてしまうかもしれません。今ある仕組みをためらいなく変えようとする「ちゃぶ台を返しかねない人」、そこまで行かなくても「青臭い正論を言う、なんだか面倒そうなヤツ」に映るのです。

私のことで恐縮ですが、学生時の採用面接でこんなことがありました。

私は「拡散性・凝縮性・弁別性」が高いタイプです。当時、なぜか興味を持った大手デベロッパーの面接で、5人でのグループ面接を初めて体験しました。「都市インフラ」をテーマに面接官が学生一人ひとりに同じ質問をしていきます。私は日頃から、都市インフラに関して「これは問題だな」と思うことがあったので、順番が来たときに持論を述べたのです。たまたま同じ大学の同級生が一緒だったので、一緒に帰りました。彼は「お前ははっきりと主張できるからいいよな。きっと合格しているよ。俺はあまり思ったことが言えなかった」と落ち込んだ様子でした。そして一週間後、彼には二次面接の案内が届き、私には不合格通知が届いたのです。

「こういう学生が入ってくると、それまで培ってきたものをぶち壊されそうだ」と思われたのかもしれません。もちろん、単に話が長すぎただけかもしれませんが（笑）。

これまで見てきたように、同一人物であっても因子の特徴がポジティブに出るかネガティブに出るかによって、まるで別人のように感じられることがあります。特に「凝縮性」の高い人の場合、こだわりの強さがアダになって、かなり〝面倒な人〟になりかねません。「凝縮性」の特徴がネガティブに表れたシーンが、『宇宙兄弟』にもあります。主人公のムッタと同時期にＪＡＸＡ宇宙飛行士選抜試験を受験した溝口大和です。

挫折なき「強いリーダー」の傍若無人

溝口は、小・中・高・大学を通して、常に学年トップのエリート街道を突っ走ってきて、いまだ挫折を知りません。そのつまづきのなさゆえに「トップの自分がリーダーにふさわしい」という強固な価値観を形成してきました。溝口の第一因子は「保全性」と推察しますが、そのこだわりの強さからは、「凝縮性」の高さも垣間見えます。

3次試験に進んだ受験生たちは、5人1組で2週間を閉鎖環境で生活し、チームでさまざまな課題に取り組みます。そして最終日には、チーム全員合意の上で宇宙飛行士にふさわしいメンバー2人を選出する、という課題が与えられました。

その選出方法について、溝口は「基準がわかりやすい」という理由で点数制を主張します。一方、同じ班の真壁ケンジは「宇宙飛行士にふさわしい人物を選ぶのに点数制は違うのではないか」と疑問を投げかけます。

溝口は、それが気に入りません。自分に意見する真壁を露骨にライバル視し、真壁の言葉尻を捉えて挑発します。「誰を選ぶかより、どう選ぶかが審査されている」と主張する真壁に、「2人選出から辞退して」と迫るのです。溝口のこれまでの成功体験からすれば、真壁は「敵になるかもしれない」と感じさせる存在だったのかもしれません。

じゃあお2人の考えだと結局宇宙飛行士はJAXA側が選ぶもので
僕らに選ばせるのは余興だということですね
そこまでは言い切れないけど
JAXAが見たいのは誰かが選ばれた結果じゃなくて
どんなふうに僕らが選ぶのかってことだと思うよ
わかりました
この中で選ぶ2人が重要じゃないって言うなら
ためしに真壁さんと手島《てしま》さん…

「2人選出」から……
辞退してくださいよ
!!
うわ〜〜〜
大変っすねB班…
ああ…
それでも真壁君は……
よくわかってるよ

4巻 #35「ねじれ者」

素直に見ても、溝口はかなり傲慢な人です。すべてが自分を中心に回っていると思っていて、他人の気持ちにまったく配慮がありません。

溝口はなぜ、このように振る舞うようになったのでしょうか。別のシーンで、溝口はこんなふうに学生時代を思い返しています。

「僕の指示でみんなが動いた。誰も意見なんて言わなかった。だから僕は考えたんだ。何か問題が起こるたび、正しい方向へ導けるのは僕しかいないんだから」

彼は周りから抜きんでて優秀〝すぎ〟ました。周囲にとって溝口は「太刀打ちできない相手」であり、彼に意見する者は誰もいませんでした。誰も意見ができない、それが「強いリーダーの証し」、と溝口を勘違いさせてしまったのでしょう。

確かに、「有事においては独裁が良い」と主張する学者もいます。元大阪市長であり、府知事でもあった橋下徹さんも同様のことを言っています。リーダー論においても、即断即決が求められる際に、いちいち合意を取る意思決定は向かないことはあります。しかし、「誰も口を出すな、すべて自分が一人で決める」というリーダーに、誰が本気でついていくでしょうか。

「凝縮性」の特徴、そしてそれがポジティブに出た場合と、ネガティブに出た場合の見え方をまとめると、次のようになります。

〈特徴〉→〈特徴が**強み**として発揮された場合の評価〉
・自分の中に明確な価値基準がある→ブレない意思決定ができる
・ルールや決まり事を重んじる→礼儀正しい、義理堅い
・敵を作ってでも、「正義」を貫こうとする→責任感が強い、覚悟がある

〈特徴〉→〈特徴が**裏目**に出た場合の評価〉
・自分の中に明確な価値基準がある→押し付けがましい
・ルールや決まり事を重んじる→頑固に見える
・敵を作ってでも、「正義」を貫こうとする→支配的に見える、喧嘩腰に感じられる

ＦＦＳ理論の診断結果で、凝縮性が「第一因子」もしくは「受容性」よりも高い、と出た人は、自分自身の言動を、こんな点から振り返ってみましょう。

●「〜すべき」「〜でなければならない」と言っている

●人の話を聞くとき、あまりうなずかない

その他にも、「愛想が悪い」「口を大きく開けて笑わない」「眉間に縦しわがある」などの傾向があれば、あなたは「凝縮性」の高いタイプの特徴がかなり表に出ている人です。

凝縮性のポジティブ状態

月面で事故に遭ったヒビトを救うため、自らの責任で救援策を提案、
無事救出に成功したアズマ。信念に従ったのみ、と、誇るふうもない。

9巻 # 85「ピース」

凝縮性のネガティブ状態

自らの信念、大切にしているものが理解されないことへの孤独を感じるアズマ。愛する家族に勝手にマイクを向けたメディアに怒りを抑えきれない。

6巻 #63「最初の一歩」

見ていただいたのは『宇宙兄弟』で、ブライアンと並ぶ「凝縮性」を象徴するかのようなキャラクター、ベテラン宇宙飛行士のアズマです。場面は、月周回飛行を果たした彼を称えるための記者会見の会場。不必要に目立つこと、そして自分の親しい人――なによりも愛する家族に無遠慮に触れられることは、彼の「正義」に反していました。このあと記者たちを突き飛ばすようにして家族を連れて去ってしまいます。

変革意欲があって、企業が求めるリーダーシップを発揮できる可能性を秘めながら、自分のこだわりや価値観を強く押し出しすぎると、「この学生は性格がキツい。育てるのはうちには荷が重い」と採用担当者に思われて、就活でつまずくことになりかねません。「諸刃の剣」と敬遠されがちな「凝縮性」の特性を、有効な武器として使いこなすにはどうしたらいいのか、2章で説明していきます。

まとめ

凝縮性

- 「凝縮性」の高い人は、自分の価値観に合った言動を貫こうとする。
- 日本社会では異色の存在で、良くも悪くも目立つため評価も二極化する。
- 現状を変革するにはまたとない人材。ただし、愛想のなさで敵を増やすことも。

「弁別性」の自己理解

白黒ハッキリの合理主義者
損得で動くと誤解されがち

データを基に判断し、グレーゾーンを許さない。情も仁義も「合理性にひざまずけ」がこのタイプ。「好き／嫌い」ではなく「ムダかムダじゃないか」で動くので、仕事はできそうに映ります。が、効率を求めるあまり、人の気持ちや曖昧さがぴんとこないのが、日本の会社への就活に際しては大きな弱点になりそうです。

「弁別性」の高い人は、良くも悪くも決断が速い

10巻#94「いつも心に万歩計を」

買うか、見送るか、サブスクか。判断基準としての「コスパ（コストパフォーマンス）」は、誰でも多かれ少なかれ気にするものです。「弁別性」の高い人は、何らかの根拠（データ、経験）を基に「必要」か「必要ではない」かを常に考え、「必要」と判断したものを直ちに選択します。合理性や投資・費用対効果を重んじ、効率的に物事を進めようとします。こう言うと、よくいる「コスパ」指向の人と変わりませんね。しかし「弁別性」が高い人は、ひと味違う凄みを感じさせます。

直ちに選択、と言いましたが、合理性に基づく判断と実行に本当にためらいがなく、周囲が「え、それでほんとにいいの？」とちょっと引くくらいスパッと判断するのです。

そんな「弁別性」が高い人の口癖は「それっ

て意味あるの？」」。問われた相手が、「わからないけど、やってみたいんだ」などと答えようものなら、「僕は意味のないことはやらない」とバッサリと切り捨てたりします。「白か黒か」の線引きが明確で、幅というか、〝アソビ〟がないのです。

組織ではその「合理性」が評価される

合理性を重視する「弁別性」の特性は、ビジネスの世界ではたいてい有利です。「弁別性」の高い人は、「保全性」や「拡散性」の高い人のように「好き／嫌い」の感情に左右されにくく、根拠に基づき最適解を求めようとします。物事を客観的に判断し、ゴールに最短距離で到達する方法を選べる人は、組織でも高く評価されることが多いでしょう。

『宇宙兄弟』の登場人物でいえば、ＮＡＳＡ宇宙飛行士のビンセント・ボールドです。ビンセントは、主人公のムッタが宇宙飛行士候補生（アスキャン）時代に教えを受けた教官です。元軍人で、徹底的に効率重視の訓練を行いました。誰に対しても要求レベルが高く、最初はムッタのことも「弟に後れをとっている上にこの締まりのない『腑抜け顔』……救いようのないノロマだとすぐ分かる」と辛辣な評価を下していました。訓練が始まる前から、名簿ファイルでアスキャンの顔と名前、プロフィールをすべて把握し、集めた情報やデータで白か黒かに振り分けるところに、「弁別性」の高さが表れています。

わ〜〜何か キビシそ〜〜〜
あの ボールドさんて どっかで見た ような……
歓迎 パーティーに いたよあの人
え……!? そうでし たっけ?
店の角っこに 一人座って ウィスキー 飲みながら 蒸しガキ 食べてたよ
ピクリとも しない 無表情で
へえ〜〜〜
よく覚えてる なぁ〜〜〜
アスキャンの 2年間の 訓練メニューは NASA70年の 経験を元に 構成された とても内容の 濃いプログラムに なっています
……ですが
私から すれば
はっきり 言ってまだ ムダが多い

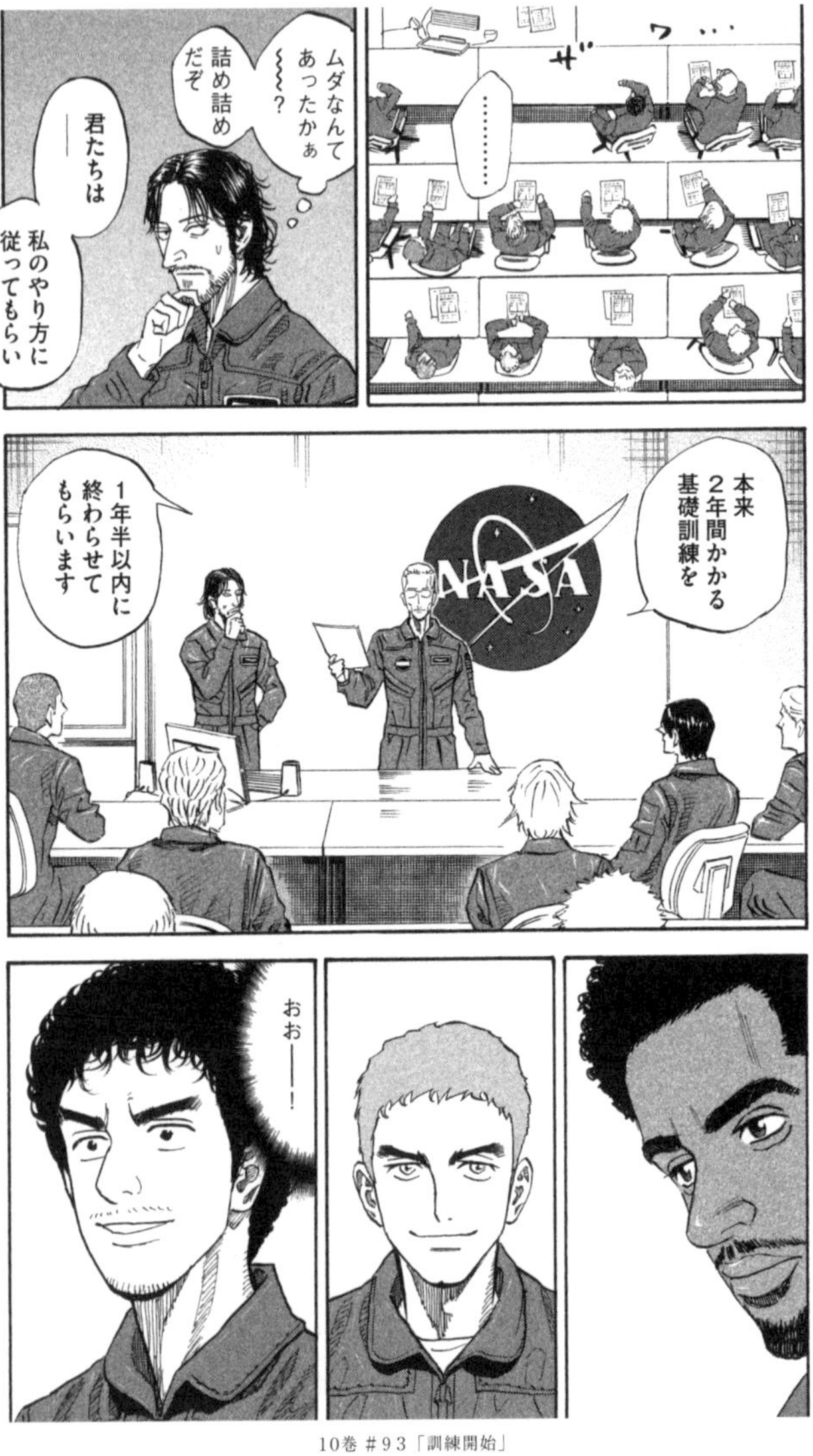
ザワ…
…………
ムダなんてあったかぁ〜〜〜？
詰め詰めだぞ
君たちは——
私のやり方に従ってもらい
本来2年間かかる基礎訓練を
NASA
1年半以内に終わらせてもらいます
おお——！

10巻 #93「訓練開始」

やがて、ムッタが数々の試練を乗り越えて宇宙飛行士として成長していくにつれ、ビンセントもムッタのことを認めるようになっていきます。「弁別性」の高い人は、交わるに値する（信頼するに値する）と判断した相手に対しては、敬意を払います。ムッタに対しても、必要な場面で適切な支援を行い、先輩宇宙飛行士として後輩を導こうとする姿が描かれています。

「合理的」と「論理的」はどう違う？

ところで、「合理的」とよく似た言葉に、「論理的」があります。

合理的思考と論理的思考。どちらもビジネスパーソンには必要な思考です。よく似た意味なので混同しやすいのですが、ＦＦＳ理論ではこの２つを明確に区別しています。

まず、２つの言葉の意味を辞書で確認してみます。

論理的＝１：論理の法則にかなっているさま
合理的＝１：道理や論理にかなっているさま
２：物事の進め方に無駄がなく能率的であるさま

どちらの言葉も、「1：論理の法則にかなう」という意味は共通していますが、「合理的」にはさらに「2：無駄なく、能率的である」という意味があります。

1と2の大きな違いは、1の論理的な思考は訓練によって身につけることができるのに対し、2の合理的な思考は、訓練では身につけることができない、ということです。

FFS理論が定義する「合理的」とは、意図せずとも「ムダなく、能率的に〝してしまう〟」状態のことを指します。無意識のうちに、ムダを省いてしまうのです。つまり、合理的思考は、訓練で身につく能力というよりも、「弁別性」という個性に起因する能力、とFFS理論では考えるのです。

さらに言えば、合理的思考を備えた「弁別性」の高い人は、論理的思考とも相性がいい。つまり、他の因子が高い人よりも、訓練によって論理的思考を身につけやすいのです。論理的思考は、仮説・検証を繰り返して方針を導いたり、物事を構造的に捉えて全体像を客観的に捉えたりする上で必要な能力です。

さて、就活に話を戻すと、「弁別性」の高い学生は、就活でも論理的・合理的思考を披露できるため、一次面接くらいまでは難なくクリアしていきます。

ところが、それより先になると、内定まで進む学生と、苦戦する学生とに分かれます。

面接官に好印象を与えるはずの論理的・合理的思考を備えながら、就活に苦戦する学生がいるのはなぜでしょうか。
それは、弁別性の「合理的である」という特徴が、うまく活かせば強みとなる一方で、それが裏目に出ると、機械的で冷たい印象を与えたり、「損得勘定で動く、自己都合な人」と思われたりするからです。特に、未熟な人の場合、「弁別性」の特性がネガティブに出ることがあります。

志望動機に熱い思いが感じられない

内定が決まらず、就活に苦労したTさん。面接ではこんなやり取りがありました。

面接官：「なぜうちの会社に興味があるの？」

Tさん：「御社は業界トップで、知名度があるので、もし自分が営業に配属されたとしても、楽に働けそうだと感じました。また、育成環境が整っていることも安心です。有給消化率、離職者の少なさ、報酬額とその伸び率も魅力的に感じました」

あなたが面接官だったとしたら、この志望動機を聞いて、どんな印象を受けるでしょうか。
Tさんは、その会社の魅力を伝えたつもりかもしれませんが、面接官にしてみれば、「自分にとってこの会社が、いかに都合がいいかを並べただけ」に聞こえたでしょう。

合理性を重んじる「弁別性」の高い人は、「何をやりたいか」よりも、「いかに効率的に稼げるか」で会社を選ぶ傾向があります。投入する時間と労力が、効率よく換金される組織が希望、というわけです。しかし、これが強く出すぎると、その会社で現に働いている側からは、「効率的」な考え方は「楽にやりたい」ようにしか聞こえません。また、「雇用条件だけ見ていて、仕事の中身で選んでない」とも感じるでしょう。

Tさんの志望動機には、もしかしたら会社や将来の仕事に対する熱い思いがあったのかもしれません。しかし、自分の考え方に強くとらわれてそこを打ち出さなかったため、内定獲得に至らなかったと考えられます。

自分に必要ない人間とは付き合わない

合理性を重視する（特に重視する気がなくても、してしまう）「弁別性」が高い人は、面倒な人間関係を避けようとする傾向があります。「役に立たない」と判断した相手とは、たとえ同じサークルの仲間でも、わざわざ関係を構築しようとはしません。人間関係も白か黒かに分けるので、自分に必要ない相手と思えば、バッサリと切り捨ててしまうこともあります。

オオオオ
ボ……
ボールド先輩……ここまで飛ばさなくても……
た…頼むから事故るなよ…!!
やっとの思いで宇宙飛行士候補生にまでなったんだぞ…!
フッ
何を腑《ふ》抜《ぬ》けたことを……
もっと飛ばしますよ
ギュオオオ
〝移動時間〟ほど無駄なものはない
オオオオオオ
人生は短いんだ
!!

ほら
もう着いた
バタン
じゃ私はこれで
大丈夫か？
ちくしょう…
何なんだあの人……
ビンス！
ハンッ
また恒例の「新人ドライブ」か？
ええあの2人は大した事ありませんでした
やはり万年学生の博士研究員《ポスドク》出身の子はヤワで困ります
将来彼らと同じロケットに乗る羽目になったら
私は辞退するでしょうね

10巻 #90「訓練教官」

誤解してほしくないのですが、このタイプの特性が「悪い」というわけでは決してありません。ＦＦＳ理論の考え方は「個性に良いも悪いもない」です。弁別性の個性を活かした生き方は、個人の選択肢の一つとして、十分納得できるものです。

ただし、すべてを自己都合で切り捨てていると、本人の気づかぬうちにチャンスを逃して、よりよい結果につながらなかったりします。

経験豊富な面接官には、そうしたこともお見通しです。「この学生は、社内の人間関係や仕事先との付き合いを〝合理的〟にやりすぎてしまいそうだな……」と見抜いて、「これまで人間関係を避けてきたみたいですね」と、切り込んでみたりします。

学生側は図星を突かれて嘘も言えず、「そんなに人間関係って大事ですか？」「どんな人でも、必要であれば、仲良くなることができますよ」と、言わなくてもいいことを口走ってしまうのです。

情報を基に物事を判断する「弁別性」の高い人にとって、条件の提示は自然かつ当然の行為です。でも、「人間関係も条件次第で判断する」ところを面接官に暴露してしまえば、「この学生は機械的で冷たい」という印象を与えかねません。

そもそも「弁別性」の高い人が人間関係を避けたがるのはなぜでしょうか。それは、人間関係につきものの「感情」を煩わしく思うからです。好き嫌いといった感情が絡めば、客観的な判断がしにくくなります。

例えば、仲間と旅行に出かけるとします。「弁別性」の高い人は、「最短・最速でムダのない方法で行きたい」と考えます。乗り継ぎや徒歩での移動手段、宿泊施設も含めてあらゆる情報を集めて、その中から一番合理的な行き方を選択しようとします。

一緒に旅行する仲間が皆、同じようなタイプなら問題はありませんが、中には〝鉄オタ〟がいて、「ローカル線でゆっくり旅したい」と言い出すかもしれません。あるいは「僕はホテルとか決めてからの旅行って全然したくないんですよ」という人もいるでしょう。

ところが、「弁別性」の高い人は、「ローカル線の旅なんて時間のムダ」と考えて、仲間の気持ちに思いを寄せることなく、新幹線の切符を手配したりします。

人と交流しなくて済むように、学生時代は部活には参加せず、帰宅部を選択する人も多いでしょう。家で誰にも邪魔されず、読書三昧で過ごすこともしばしばです。アルバイトも、面倒な人間関係を避けて、効率重視で選びます。例えば、システム開発のアルバイトのように、自宅で一人でできて、時給の高いアルバイトを好みます。

私の学生時代の知り合いは、「ハッカー的な仕事」を請け負っていましたが、彼も「弁別性」の高いタイプでした。時間や場所を自由に選択できて、時給も相当高いので、彼にとっては最適なアルバイトだったはずです。また、そのために必要と判断すれば、高度なスキルの獲得も厭《いと》いません。

「できる。でも、伸びしろがない」と思われる

無難に何でもこなす「弁別性」の高い人は、就活でも「優秀」と評価されます。ただし、これまで見てきたように、「弁別性」の特徴がネガティブに出た場合、「機械的で冷たい」「チームワークが苦手」という印象を相手に与える恐れがあります。就活に臨むにあたっては、自分の特性をポジティブな方向へ発揮するすべを身に付ける必要があります。

以下に、「弁別性」の特徴をまとめてみました。

（特徴）→（特徴が**強み**として発揮された場合の評価）

・判断がはっきりしていて、速い→合理的に対応してくれる
・ムダなく動ける→最短で実行・実現できる
・的確な情報処理ができる→前提条件や情報さえ十分なら、信頼できる
・意見表明や文章が明確→何を考えているのか、意志、意図が伝わりやすい

こうして見ると、地頭がよく、いかにも優秀な人、という印象を受けます。

ところが、「弁別性」の特徴がネガティブに出てしまうと、こうなります。

（特徴）→（特徴が**裏目**に出た場合の評価）

・判断がはっきりしていて、早い→相手に合わせず機械的な対応をする

・ムダなく動ける→情緒、遊び、ゆとりがない

→相手を不愉快にさせることがある

・的確な情報処理ができる→データに強く依存するので、風見鶏風になる

→情報がないと、「できない」と判断してしまう

・意見表明や文章が明確→前提が共有できていないことに気づけない

→手間を減らすことを優先し、端折りすぎて伝わらない

→感情面の配慮がなく、淡々としているので冷たく感じる

こんな印象になってしまいます。

「ザ・弁別性」の人であるビンセント、その振る舞いを通して、ネガティブ状態になっている「弁別性」の高い人が周りからどう見えるか、ポジティブ状態だとどうなるかを見てください。

弁別性のネガティブ状態

言うべきことを猛スピードで伝えて、質問の時間ももったいないとばかりにぶっちぎるビンセント。ついてこれない人は眼中にない。

10巻 #94「いつも心に万歩計を」

弁別性のポジティブ状態

ムッタの努力と能力を評価したビンセント。
苦境にあることを意識させない淡々とした情報伝達は、「弁別性」が高い人ならでは。

35巻 #326「淡々と」

ネガティブ状態では、ムッタに質問する隙すら与えないビンセント。自分の処理速度を下げるような行動は許さん、という感じです。対応にムダがなさすぎて、もはやロボットのよう。一方、さまざまな経験を経てムッタとの信頼を培ったポジティブ状態のビンセントは、いいニュースでも悪いニュースでも淡々と伝えることで、「世はこともなし」と、チームに安心感を醸成しています。

ビンセントは「弁別性」の高さをむき出しにしても、その振る舞いを認めさせるだけの実績がありますが、学生が同様のネガティブ状態を露呈したら、せっかくの地頭の良さも台無しです。能力はありそうだけれど、対応が機械的で、冷淡な割り切りを感じさせる学生を、面接官はどう評価するでしょうか。

「伸びしろがないな」です。

伸びしろとは具体的に何なのかといえば、入社後の新しい環境における対応力、つまり「素直さ」や「感受性の豊かさ」です。採用においては、その時点の能力もさることながら、これらの要素が重要視されるのです。

ところが、最短・最速で生きてきた証しとしての「ムダのなさ」には、そのあたりの要素があまり感じられません。それが面接官への印象を悪くしてしまうことがあります。「そこそこ優秀だけど、入っても成長しないな」と思われるわけです。

「素直さ」や「感受性の豊かさ」と聞いて、「自分は何事にも白黒つけたい性質だから、自分には無理だ」と思う人もいるかもしれませんが、それは違います。私がお伝えしたいのは、自分の個性を活かすための素直さを持っていただきたい、ということです。

ムダを嫌い、合理性を重んじるの〝も〟正しい。けれど……

最後にもう一つ。自分の個性の理解を、「ムダが嫌い」「コスパを意識する」ところで止めていないでしょうか。さらに奥に入って、「(他人がちょっと引くくらい)合理性を重視する」ところまで、見つめてほしいのです。

それが、おそらくあなたが常にうっすら感じている、周囲との違和感の原因です。

なお、これは「拡散性」「凝縮性」が高い方にも当てはまります。「受容性」「保全性」が高い人が多数派の日本社会では、その他の3因子が高い人は、「どうも周りとうまくかみ合わないことがある」と感じがちなはずです。

「自分は周りの人とは違う」という感覚はあっても、その違和感の原因が何なのか、はっきりと把握している人は少ないのではないでしょうか。そこを言語化できることこそが本当の「自己理解」です。

自己理解を深めるためにおすすめしたいのは、「他者理解」です。他者との違いを相対的に理解することで、一層の自己理解につながっていきます。

例えば、「拡散性」の高い人は興味関心が最大のモチベーションになり、自分が「面白い」と思うことにはテンションが上がります。

「保全性」の高い人は、効率や合理性よりも、仲間と一緒であることを好みます。

「受容性」の高い人は、相手の幸せが自分の幸せと感じます。周りの人たちの気持ちをおもんぱかるため、周りの人たちの気持ちに影響されて、一喜一憂しやすいのです。

以上、合理性を好む「弁別性」とは対照的な因子を紹介しましたが、このように見てみるだけでも、人の個性はそれぞれ違うことがわかります。違うということは、個性の異なる相手とは誤解も生じやすいということです。

「弁別性」の高い人は、とにかくムダを嫌い、合理性を重んじます。しかし、世の中は皆、そんなに合理的に動いているわけではありません。まずは、そのことを認識する必要があります。なに、不合理で納得がいかない？　それなら第2章を読んでみてください。

まとめ

弁別性

- 「弁別性」の高い人は、合理性に基づいてためらいなく判断を下す。
- その割り切り方は組織で高く評価されるが、損得のみを見ていると思われることも。
- 評価を高めるためにも、他者の「不合理」を認める余裕を持つことが重要。

2章

自己肯定

弱みは「克服」するな

「短所」とは、個性の出し方が下手なだけかもしれない

FFS理論という自己理解ツールを活用することで、自分にはどんな強みがあって、どんな弱みがあるのか、自分自身の個性を客観的に把握できたのではないでしょうか。

この章では、ネガティブな状態のときに陥りがちな自分の癖、すなわち「弱み」を、どうやってポジティブな状態＝「強み」に変えていくのかを説明していきます。

弱みは〝克服〟すべきではない、その理由

「弱み」を「強み」に変える。このとき、多くの人がやりがちな間違いがあります。それは、「弱みを克服しようとすること」です。わかりやすく言えば、「できないこと」を「できること」に変えようと努力するのです。

もちろん、「できるようになる」こともあります。潜在的に持っていた素質や能力が磨かれ、開花するような場合です。辛い血のにじむような努力というより、楽しくて続けているうちに「できるようになる」というイメージです。その人の個性を活かし、伸ばしているパ

ターンです。

一方、「弱みを克服する」というのは、それとは明らかに違います。

1章でご説明したとおり、強みと弱みは因子の特徴の表れ方の違いであって、表裏一体の関係です。つまり、強みも弱みもその人の個性に起因したものであり、消えることはありません。「克服したい」と願っても、なくなることはないのです。あなたがあなたである限りは。

だったら、自分の個性を活かしたやり方で、「弱み」を「強み」に変換してみませんか？これがFFS理論の考え方であり、本書で言うところの「自己肯定」です。

そのためには、自分の特性を素直に受け容れ、肯定することが欠かせません。「嫌だな」「変えたいな」と思う部分も、自分の個性なのだと認めることから始めましょう。

FFS理論では、「個性に優劣はない」と考えます。もし、あなたが就活で苦戦を強いられているとしたら、それはあなたの個性が問題なのではなくて、「あなたの個性が活かされていないから」でしょう。

あなたの個性を活かして、強みを発揮するためのセルフマネジメント法を紹介していきます。ご自身の強みを活かしてこそ、自分らしい戦い方ができるのです。

「保全性」の自己肯定

慎重さは〝結果〟を出す能力体系化で磨きをかけよう

一歩踏み出せない慎重さは、十分な準備が整うまで、機会を待って耐える勇気でもあります。結果を出すための慎重な行動は、むしろ企業社会では望まれること。踏み出すための情報を集めるのも大事ですが、それを体系化していくことで、やみくもな行動力を望むよりも、はるかに高い成果を挙げることができるようになるでしょう。

「あなたは慎重な人ですね」

そう言われて、あなたはどのように感じるでしょうか。

「慎重ですね」と言われるのは、FFS理論で言えば、「保全性」の高い人です。このタイプの人の特性をおさらいすると、「確実に進めたい」「失敗したくない」ので、しっかり準備してから物事に取りかかります。身近なところから目標を立てて、できるところから確実に進めようとします。

最近の「保全性」の高い学生たちには、どうやらこの「慎重」という言葉は、ネガティブに聞こえるようです。「慎重」に対する彼らのイメージは、「慎重」＝「動かない」「挑戦的ではない」。そのため、「慎重な人ですね」と言われると、「あなたは挑戦しない人なんですね」「前に進む勇気がないんですね」と暗に批判されて、低く評価されている感じがするようです。

だから、「慎重」という言葉に反発を覚え、「自分は活動的だ」と思いたいあまり「活動的な自分」を偽ってアピールしようとする。でもそれは、1章でも説明したとおり、「拡散性の罠」（58ページ）にハマっている証拠です。

ただ、学生たちがそのように感じて振る舞うことには、採用側の責任もあります。

就活で企業側が求める人材としてよく聞くフレーズは、どれも「革新」「改革」「挑戦」

「創造」といった、妙に前向きすぎるものが多く、「慎重」「継続」「安定」という言葉はまず出てきません。採用側に「あなたの会社は、そんなに挑戦の場所を与えることができるんですか?」と聞きたくなります(これは、「拡散性」の高い人の就活の注意点にもつながります。煽り文句に乗って入社してみたら、安定第一の会社だったりするからです)。

「保全性」の高い人に伝えたいのは、「慎重さ」こそが、あなたの強みだということです。「慎重さのどこが強みになるの?」と疑う方もいるでしょう。これから説明します。

「慎重さ」がなぜ武器になり得るのか?

物事を着実に進めたいのが、「保全性」の高い人の特徴です。まずは、このタイプの人が得意なことを棚卸ししてみましょう。

- **やりたいことを始める前に、事前にしっかりと準備する**
- **準備の一環として、あらゆる角度から情報を集める**
- **それを基に計画を立てる**
- **想定するリスクを考慮し、回避策も考えておく**
- **気になることがあれば、改善するための手を打つ**

いかがでしょうか。後ろ向きというより、確実さ、手堅さから生まれる信頼性のようなものを感じませんか。「保全性」の高い人は、慎重だからこそ、「準備段階でたくさんの情報を集め、想定されるリスクも検討した上で、具体的な計画に落とし込む」ことができます。リスクヘッジも得意で、最悪の状態を回避する策もちゃんと考えます。このプロセスを繰り返しながら、慎重に物事を進めていくことで、いくつかの成功パターンが出来上がります。それをさらに改善し、パターンが研ぎ澄まされていきます。

さらに、「粘り強くて、できるまであきらめない」ことを得意にしています。「周りから『できない』と思われるのが嫌」だから、できるようになるまで努力を惜しみません。だからこそ、時間がかかっても、何事も成功に導くことができるのです。

その点、「拡散性」の高い人は途中から飽きてしまいがちで、物事を達成したり、刈り取ったりすることには興味を持てないため、他者から評価してもらえないことが多々あります。いかに興味深い事業を立ち上げても、利益、つまり「結果」までつなげなくては、企業人としては意味がありませんよね？　つまり、会社がプロジェクトを実際に進める際には、「慎重さ」はとても重要な特性です。ビジネスパーソンとして仕事を取り組む上で有効な武器になります。

中心部地下に〝SHARON〟
その上にパワコンと
光学望遠鏡

35巻　#328「約束通り（2）」

読んでいただいたのは、『宇宙兄弟』のひとつのクライマックス、天文学者シャロンの夢だった月面天文台がついに稼働する場面です。転載にあたって紙幅の限界もあり、全部は見ていただけませんが（ぜひ単行本で！）大量のパラソルアンテナの回収・捜索・接続から、スーパーコンピューターの設置、太陽電池パネルの組み立て、などなどのこまごまとした作業と、それに伴う幾多のアクシデントを粘り強く、かつ慎重に乗り越えて、この日がやってきました。それを率いたのが、幼い頃からシャロンに導かれ、宇宙飛行士になった「保全性」が高いムッタ、というところに、じーんとしてしまいます。

「保全性」の高い人は、困難を乗り越えて高い目標を達成する能力をもともと持っています。ご自身の個性が持つ「慎重さ」を肯定し、認め、誇りに思ってください。

「体系化」できる保全性は強い

コツコツ取り組めるのは「保全性」の強みですが、積み上げた知識やノウハウを「体系化」できると、より強力な武器になります。

「体系化」とは、「バラバラな知識や情報を系統立てて整理していくこと」です。スマホの写真を「仕事」「友人」「外食」とフォルダに分類し、さらに「ラーメン」「カレー」「牛丼」と小分類を作り、ついでに「新宿」「赤坂」「池袋」と場所に分けていけば、「新宿で旨いラーメン、あったよね」と、すぐ引っ張り出せますよね。

体系化によって、これまで培ってきた知識やノウハウを、自分が活用しやすい形に整理することができます。情報にインデックスを付けて、取り出しやすいようにファイリングされた状態です。いわゆる「引き出しが多い人」は、この体系化が得意なのです。

体系化ができた人は、新しい仕事に取り組む際に、過去に経験した業務の中から類似するケースを引っ張り出して、それを参考にしながら、計画を立てて実行に移します。ですから、初めての仕事もスムーズに仕上げることができるようになります。「仕事が速い人」という評価を得られるのです。

「体系化」を活かすと会社でどんなふうに役立つか、事例を紹介しましょう。

ある会社の営業部門に、新規顧客開拓が得意なKさんという若手社員がいます。成績はトップクラスで、彼のリーダーシップも高い評価を得ています。新規開拓が得意ということは、「攻めの営業スタイルが得意なんだろう」と想像するかもしれませんが、Kさんの個性をFFS理論で診断すると、「保全性」が第一因子でした。つまり、「慎重に物事を進めようとする」のがKさんの本来の個性なのです。

そんなKさんが、なぜ新規開拓を得意としているのか、成功要因を聞いてみました。

Kさんは、新しい人と出会うのが苦手なため、最初は仕事が嫌で仕方がなかったそうです。

成績も低迷していて、たまに出会い頭に受注できる幸運が何度かあるくらいでした。できるだけ外回りを避けたいKさんは、オフィスに残って、受注に至った過去の事例をパソコンで調べ始めました。すると、受注した会社の規模とタイミングに共通点を見つけたのです。

そこで、他にも共通点のある会社がないかインターネットで探して、それらの会社に同じ提案書で営業したところ、契約が取れるようになったのです。その後も、提案書を改善したり、会社検索の条件を見直したりして、この成功パターンの精度を少しずつ上げていきました。その結果、なんと成約率が8割近くまで伸びたのです。

Kさんが実践してきたことは、「保全性」の特性に合ったことばかりです。すなわち、事前に情報を収集・分析して、綿密な計画を立てて、実行する。実行した成功・失敗の経験から得た知識やノウハウを体系化することで、成功パターンを作り上げる。さらにそれを改善して磨きをかけ、精度を高めていくことで成功確率も高まっていく。そうすると自信もつく、という、ポジティブなスパイラル。

成果を出すために自分の個性に合わない無理は一切していません。「保全性」の高い人がお手本とすべき活躍の仕方と言えるでしょう。

「保全性」の高い人の強みである「体系化」は、リーダーとしてチームを運営する場面にも活かせます。体系化を活かしたリーダーシップの取り方とは、どのようなものでしょうか。

それを考える前に、「リーダーシップ」が意味するものを改めて確認しておきましょう。

「保全性」の強みをリーダーシップに活かすなら?

「リーダーシップ」の意味を広辞苑で調べてみると、

1：指導者としての地位または任務。指導権。
2：指導者としての資質・能力・力量。統率力。

とあります。

意外なことに、「率先垂範」や「強く引っ張っていく」という意味は書かれていません。リーダーシップとは、指導者としての「立場」であり、「立場として発揮してほしい能力」であって、具体的な行動様式やパターンを示しているわけではないのです。

つまり、リーダーシップに「強さ」を求めるのは、例えば「先頭に立って突撃していく騎馬武者」のような、ヒーロー譚にありそうな幻想に振り回されているのです。

さて、「保全性」の高い人は、知識やノウハウの蓄積や、改善のための工夫を繰り返すことで、自分が実践しやすい成功パターンを見つけることができる、と書きました。これが「体系化」です。成功パターンさえ見つけられれば、あとは個別の案件や状況に応じてそのパターンを微調整・改善していけば、どのような場面でも対応できるようになります。

成功するパターンを「仕組み化」してチームで共有

そんな人がリーダーになったら、どのようにチームを運営していくのがいいのか。それは、成功パターンをメンバーが共有できるよう「仕組み化」することです。「保全性」の高い人は、この「仕組み化」も得意です。自分のやってきたことですから、自信もあり、何を聞かれても答えられるので、メンバーも「これなら」と信頼が生まれます。そして、チーム運営に役立つ知恵やノウハウを蓄積しながら、その仕組み自体をより良いものに改善していくことができます。

強い指導力を発揮することは苦手でも、成功パターンを説得の武器として、時間をかけて周囲を丁寧に巻き込み、同じ目的に向かってメンバーのモチベーションを高め、後押しすることができます。これが「保全性」の高い人ならではのリーダーシップなのです。

月面天文台の建設に当たるムッタの月面クルーのフィリップ・ルイスは、覚えることが多すぎて、自慢のドレッドがほどけそう（アタマが破裂しそう、ということでしょう）だとぼやきます。そこでアンディが、彼が好きな音楽にひっかけて記憶する手を提案しました。

21巻 #205「失敗覚悟で」

ただ問題は、ムッタも「むしろ自分にはややこしくなったぞ」という顔をしているように、成功パターンには人によって向き不向きがあります。なので、「〝自分の〟成功パターン」を、ただ他人に押し付けるのでは反発を招きます。

ここで再び、前出のKさんに登場してもらいましょう。新規開拓で好成績を残したKさんは、リーダーにも登用されました。

部下を育てる立場になって最初に取り組んだのは、育成の「仕組み化」でした。自分と似たタイプの部下と、自分とは違うタイプの部下に分けて、それぞれに教え方を変えてみることにしたのです。

自分と似たタイプの部下には、自分が体系化した手法とプロセスを提供して、それを基に各自で改善してもらいました。一方、自分と違うタイプの部下には、自分と違うタイプの先輩（つまり部下と似たタイプの先輩）から指導された方法をそのまま示して、取り組んでもらったそうです。

「コツコツ」を力に変えるサーバント型リーダーシップ

「保全性」の高い方には、まず、リーダーシップにはさまざまなスタイルがあること、そして、自分の個性を活かしたリーダーシップの取り方があることを理解していただきたいと思います。

「保全性」の高い人が採るべきリーダーシップの取り方をまとめると、「経験の積み重ねと、コツコツと改善していける特性を活かし、メンバーにとって活躍しやすい環境を整えたり、仕組み化によって全体の底上げを図ったりすることで、効率的な組織運営ができること」となります。このような奉仕型のリーダーシップを、「サーバント型リーダーシップ」と呼びます。

その上で、自分の強みを面接やエントリーシートで適切にアピールするにはどうすればいいのか。これについては3章でお伝えしていきます。

まとめ

保全性

- 「保全性」は「慎重さこそが自分の武器だ」と自分を肯定しよう。
- 積み上げていく中で「体系化」を意識することが非常に重要。
- 慎重さと積み上げた力、そして体系化が、サーバント型リーダーシップにつながる。

「拡散性」の自己肯定

行き当たりばったりが課題 行動力を概念化で裏打ちせよ

こと自己肯定については問題なし、むしろ弱点を自覚しよう、と言いたくなるのが「拡散性」の高い人。行動力はすごいけれど、すぐ飽きてやりっぱなしでは企業では評価を得にくい。動き出す前に仮説を立て、止めるときには「何がダメだったか」の反省を繰り返すことで、自分が成果を上げるための「原理原則」が見えてくるでしょう。

周りを気にせず、「自分は自分」と思う傾向の強い「拡散性」の高い人は、他人と比べて「自分はダメだ」と自己否定したり、自分にないものを持つ「あの人のようになりたい」と、タイプの違う人に憧れを抱いたりすることはありません。ですので、基本的に自己肯定感は高いと言えます。本書のこのページについても「こんな章が必要な理由がわからない」とか言われそうです（笑）。

束縛が嫌いで自由に動き回りたい個性ですから、子どもの頃は学校の先生や親の手を焼かせる存在だったかもしれません。「落ち着きがない」「雑」「片付けができない」「集団行動ができない」「ルールを守らない」……、こうした小言を言われたり、注意を受けたり。それでも、「私、うるさいですかね？　実は小学校の通信簿に『落ち着きがない』と書かれていました。ハハハ！」とバカ笑いできるのが、「拡散性」の高い人です。

親から「落ち着きがないのはダメ」と厳しく叱られてきた場合は、「自分はダメなんだ」という刷り込みがあるかもしれません。ただ、親のダメ出しで自信をなくしたとしても、「拡散性」の高い人は基本的に楽観的なので、「まぁいいか」「仕方ないよね」で済んでいることが多いでしょう。それほど深刻に受け止めているわけではありません。

人には得意なこともあれば、苦手なこともある。それが個性だということは、繰り返し述べてきました。「××できない」ことを素直に受け容れず、苦手を得意に変えようと頑張ることは、自分の個性を否定することとイコールです。

その点、「落ち着きがない自分でも仕方ないな」と思っている「拡散性」の高い人は、自分の特性を素直に受け容れています。自己分析の第二ステップである「自己肯定」は、ひとまずクリア、と言えます。

とはいえ、「拡散性」という同じ特性を持ちながら、行動力や機動力、リーダーシップを発揮して組織で活躍できる人と、行動が行き当たりばったりで、組織で活躍しづらい残念な人がいるという、1章の終わりで提起した問題がまだ残っています。因子の特徴がネガティブに発揮された状態から、ポジティブに発揮された状態に反転するには、どうしたらいいのでしょうか。

実は、両者を分けるのは、体験を重ねるたびに仮説・検証を行い、概念化しているか、がポイントです。

優秀な「拡散性」は、原理原則をつかんでいる

「拡散性」が高くて優秀な人は、すぐに動くにしても、当たりを付けた上で実行します。言い換えると、動く前になんとなくでも、「こうなるのでは」と仮説を立てるわけです。

そして、成功・失敗を体験するたびに「なぜうまくいったのか」「なぜ、うまくいかなかっ

たのか」と疑問を持ち、検証を繰り返します。その帰納法的なアプローチから、最終的に「なるほど、自分の成功・失敗パターンはこういうことか」と、一つの概念へと研ぎ澄ませていくのです。1章でもちらりと触れましたが、「思いつき」で動く前に、あるいは「飽きた」と止める前に、自分の失敗パターンと照合するのです。

概念化とは、言い換えれば、多様な出来事から「普遍性」を見つける作業です。概念化する能力は、「色々な体験から、共通点を見いだす」ことで身に付いていきます。

つまり、自分の失敗、成功で体験したことをそのまま放置するのではなくて、その体験がなぜ起きたのか、起きてしまったのかを内省して、ついには「なるほど、これが自分にとっての原理原則だ」と突き止めることが大事です。

概念化できることを、我々は「当て勘が良い」と表現しています。

「拡散性」の高い人の中でも、当て勘が良い人と、無駄打ちの多い人とでは、成長の速度が大きく異なってきます。概念化できないと、さまざまな体験が身にならず、飽きっぽいだけの人で終わります。

『宇宙兄弟』のヒビトは、まさに「当て勘が良い拡散性」の典型です。

ヒビトとは対照的な、「保全性」の高いタイプである兄のムッタは、ヒビトの子どもの頃をこんなふうに振り返っています。

せっかくシャロンおばちゃんに英語教わってるんだからちゃんとやろーぜ
こんな点じゃおばちゃん泣くぞ
あい……
私の弟は昔——
4
to
applu
telehon
telebijon
勉強なんて全くできない奴だった
シャカ シャカ シャカ シャカ シャカ シャカ
ゴシュゴシュ ゴシュゴシュ ゴシュゴシュ
あの頃は勉強という勉強はすべて私が教える日々だった

だから日々人が
中学で別人のように
グングン成績が
良くなって
いったとき――
私が
勉強を教えて
やったおかげだと
思った
だけど
どうも
そうじゃ
なかった
突然
日々人は
私よりも
成績が
良くなった
…………
ペラ
2巻 #9「足りない日々」

「勉強なんて全くできない奴だったのに、中学で別人のようにグングン成績が良くなっていった」

これはおそらく、ヒビトがたくさんの体験を経て、自分にとっての「勉強の原理原則」をつかんだことで、学びのスピードが加速していったからでしょう。

興味がおもむくままに行動する「拡散性」の高い人は、ややもすると行動が行き当たりばったりになりがちですが、仮説・検証から原理原則に到達するすべを学んだ人は、他人にはバラバラに思える個々の経験を、自分のやりたいことを成し遂げるために統合していくことができます。

脱・一匹オオカミで可能性は広がる

繰り返しになりますが、自由に動き回りたい「拡散性」の高い人は、束縛を嫌います。また、「オンリーワン」の発想ですから、誰も成し得ないことに挑戦したくなります。そのため、何人かで一緒にやろうとすれば、それを足かせと感じたり、邪魔くさいと思ったりします。「人と交わることで自由が奪われるくらいなら、一人が気楽でいい」と考えて、いわゆる「一匹オオカミ」のような動き方を好みます。

実際に、何事にも失敗を恐れず挑戦できる「拡散性」の高い人なら、ある程度のことは

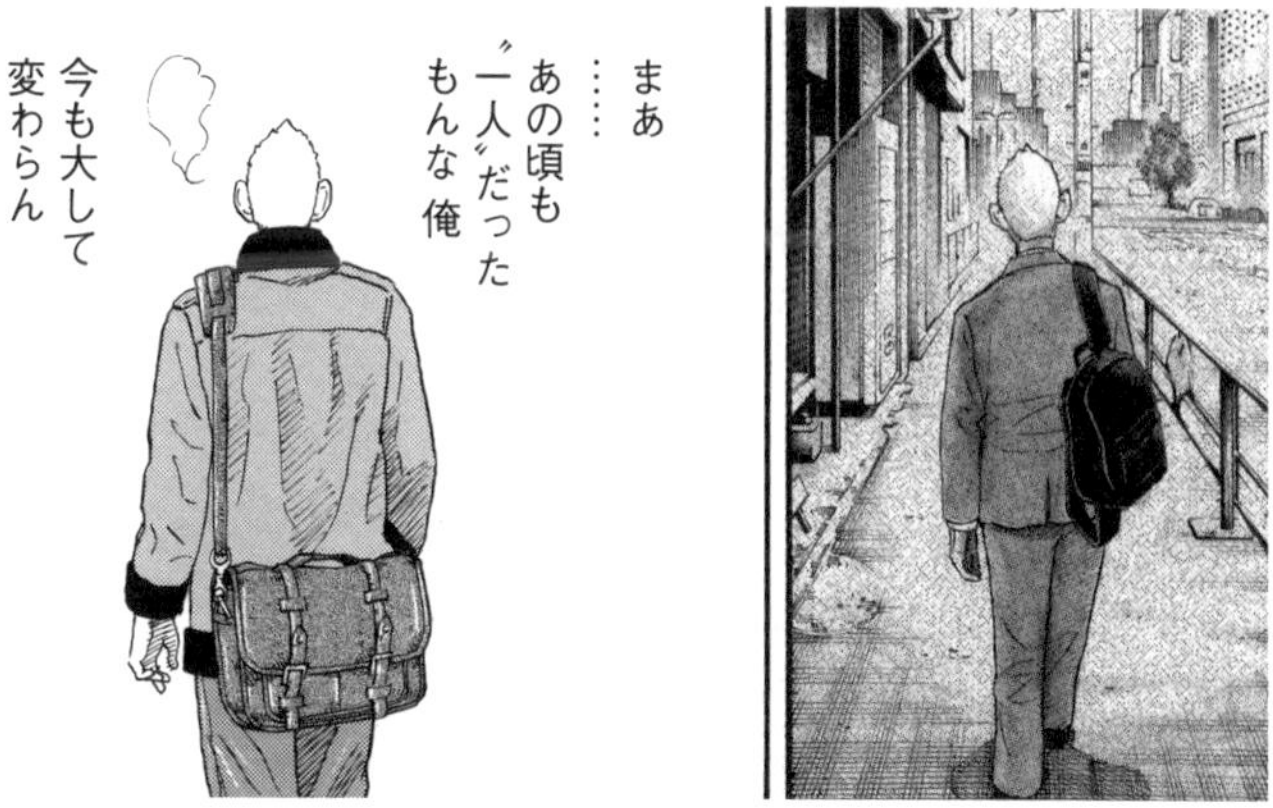
まあ
……
あの頃も
〝一人〟だった
もんな俺
今も大して
変わらん

30巻 #284「決別」

自分だけで実現させてしまうかもしれません。

しかし、もっと大きなことを実現しようと思えば、個人の力では限界があります。そしてあなたがこれから就活に挑む（おそらくは）日本企業は、基本的に組織で戦う世界です。企業組織に属そうとしているならば、仲間と協力し合いながら大きなプロジェクトを実現させていく場面は必ず現れるでしょう。

『宇宙兄弟』のヒビトも、自由に動き回りたい「拡散性」の高いタイプでありながら、必要な場面では仲間と力を合わせる重要性を理解しています。上のマンガは、月での事故後、NASAで宇宙飛行士としての居場所をなくし、ロシアに飛び出して「一人」になったヒビトです。自己肯定感の強い彼には珍しく覇気のない後ろ姿に、心の痛みが窺《つかが》えます。そんな彼も、ロシア人飛行士たちと触れ合うなかで、心の距離を縮めていきます。

だけど
ますます
気になるぜ
ヒビトは月へ行ったんだろ？
そんな飛行士は普通国の財産だぜ
NASAが手放す理由が分からん
マクシムはそのへんきいてないのか？
ヒビトと飲んだんだろ？
……
ああ
きいたぜ
ガタッ
なんのことはねえ
上司とソリが合わなかっただけだ
なあ
ヒビト

ガシッ
このアホどもにお前の武勇伝話していいか?
マクシムは——
俺の月での事故の事や
その後EVAがなかったことを話してくれた
俺がPDになった事だけは
誰にも言わなかった

本当かよ兄貴も宇宙飛行士なの!?
そう
〝ムッタ〟っていうんだけどさ…
話きく？
ききたーい
ロシア人のことが……
ハハハハ
ムッタ面白《おもしれ》え～
少し分かってきた
陽気なアメリカ人のフレンドリーな接し方とは何かが違う
最初は皆そっけなくて
冷たい人達に感じるけど…
会う度に少しずつ……

30巻 #286「ロシアの温度」

「理解してもらえない」という葛藤を抱えたときに、意外な人から示される共感と愛情。クールなヒビトも「ロシアの温度」に、思わずグッと温まってしまったようです。

先ほども書いたように、「拡散性」の高い人は、基本的に自己肯定感が高く、そのままの自分を認めているので、自分の苦手なことを「できるようになろう」と無理して頑張ることはしません。それが個性を活かすための第一歩ですから、方向性自体は間違っていません。

けれども、一匹オオカミで動いている限り、自分の苦手な部分は放置されたままです。それがやりたいことや夢の実現のネックであったり、大きなプロジェクトで力を発揮できない要因である場合があります。

自分の苦手なことを自覚しているなら、「それが自分だから仕方がない」で済ませずに、それらを得意とする人たちに任せることでチームワークを発揮できる、と知ることです。

例えば、「拡散性」の飽きっぽさ。「拡散性」の高い人は、興味のあることにすぐに飛びつきますが、「先が見えた」と思えば、興味を失うのも早い。「これは面白くなりそうだ！」と意気揚々と始めたものの、物事がうまく回り始め、ある程度先が読めてくると興味を失って、途中で投げ出してしまう。

そんなときこそ、「保全性」の高い人の助けを借りましょう。「保全性」の高い人は、具体的なプランに落とし込んだり、着実に物事を進めたり、持続可能なように仕組み化したりすることが得意です。「拡散性」の高い人が打ち上げた花火を、一瞬で終わらせず、目的達成や成果につなげるまで継続する役割を果たしてくれるでしょう。

逆に言えば、新しい発想や取り組みを起案したり、推進したりするのは、慎重な「保全性」の高い人が苦手とする部分です。「拡散性」の強みが「保全性」の弱みを補完することになるため、「保全性」の高い人の負担も軽くなり、彼らから感謝されるはず。

自分とは異なる個性の他者と協力することで、自分の個性をより輝かせることができます。そして、さすがの拡散性も辛いなと思うときに、支えになってくれるかもしれません。「一人で好き勝手にやりたい」と感じたら、ロシアのヒビトをぜひ思い出してください。

「拡散性」の自覚のない学生が増えている?

「拡散性」と「就活」という視点で、最近の学生を見ていて気がかりなことがあります。先ほども書いたように、「体験から学ぶ」のが「拡散性」の高い人の学びのスタイルですから、言い換えれば、「拡散性」の高い人はそもそも「体験してナンボ」です。

しかし、最近は、FFS理論による診断結果で「拡散性が高い」と診断された人でも、体験量が圧倒的に少ないように見受けられる人がいます。そういう人に診断結果をフィードバックすると、「自分はそんな個性とは思わない」というリアクションが来ます。彼らには「自分は拡散性が高い」という自覚がないのです。生まれながらの気質は「自由に動き回りたい」はずなのに、何らかの理由で行動に制限がかかっていたのでしょう。

これはあくまで仮説ですが、あまりにも「与えられすぎた環境」で育ったことで、好奇心が育まれなかったかもしれません。もしくは、「失敗したらダメ」と親から刷り込まれて、挑戦を踏みとどまってきたのかもしれません。いずれにしても、子どもの頃から「興味のおもむくままに動いた経験が少なかった」のだと思われます。

体験していないのですから、「学べていない」。学んだ「拡散性」が獲得し得る「当て勘」も働かない。そのため、本来なら失敗を恐れない個性でありながら、「失敗するのが怖い」と思っているようです。もしかしたら、あなたもそうでしょうか。

本当は「拡散性」が高いにもかかわらず、「拡散性」の自覚のない人へのアドバイスは、「体験するしかない」と思って実践してみよう、です。これまでの体験が少ないから、実感が湧かないのでしょう。体験学習を通じて「概念化する能力」を獲得するタイプですから、〝勘所を鍛える〟には実践するしかありません。

やってこなかったから「失敗が怖い」と感じるだけで、やってみれば思いの外、失敗してもたいしてメンタルは傷つかない、と思えるはずです。

「拡散性」の自覚がないもう一つの理由としては、本当は「保全性」の高い人が、「挑戦的な活動に憧れて、ありたい姿をイメージ」してFFS理論の診断に回答したケースが考えられます。ありたい姿への「思い込み」が恣意的に回答させた結果と言えるでしょう。その人は「保全性」が高いのですから、「失敗が怖い」のは当たり前なのです。

FFS理論の診断と自分の感覚が一致しない場合は、自分の求めるイメージを回答に投影していないか、もう一度振り返っていただければと思います。

まとめ

拡散性

- 自己肯定感が強い「拡散性」の人は、むしろ弱点を自覚するべき。
- 「一匹オオカミ」にこだわらず、周りに弱点を補完してもらおう。
- 能力を伸ばすには行動の前後に「概念化」を意識することが重要。

「受容性」の自己肯定

決めることが苦手だからこそ みんなの力をまとめられる

誰かの希望を〝切り捨てる〟決断がどうにも不得手な「受容性」の高い人。しかし、誰かのために働くことが人一倍好きなあなたには、実は「誰も置いてけぼりにしない決断」ができるのです。個性豊かで希望もさまざまなメンバーをまとめ、その能力を引き出すことにかけては誰にも負けない可能性を持っていることを、しっかり自覚しましょう。

周りの状況を柔軟に受け容れるために、面倒見が良く、人当たりも良く、周りの人とのコミュニケーションも上手。そんな〝誰からも好かれる〟「受容性」の高い人の大きな問題点は「決められない」こと。ここからくる葛藤に密かに悩んでいる人も多いはずです。

「決められない自分」を受け容れられるか

1章でも説明したとおり、「受容性」の特徴である「周囲を受け容れる柔軟性」は、例えば周囲との友好関係が保てている状況では、強みとして働きます。しかし、ひとたび対立や問題が生じて不穏な空気になると、「誰も傷つけたくない」という気持ちから、「優柔不断さ」となってネガティブな側面が露呈してしまうのです。(自分にはない)強いリーダー像への憧れがあるので、「決めなきゃ」と自分を追い込もうとしますが、そもそも二律背反や利益相反の状況がストレスですから、決めるのを先延ばししてしまいます。

その結果、目的を達成できなかったり、組織運営につまずいたりして、「決められない自分はダメだ」と自己嫌悪に陥ってしまうこともあるでしょう。

「決める」ことに関して言えば、「自分のやりたいことがわからない」「将来の進路を決められない」というのも、「受容性」の高い人にはよくある悩みです。『宇宙兄弟』のムッタも、子どもの頃からの夢だった宇宙飛行士を「本気で目指す」と決めるまでには、長い遠回りがありました。

　ムッタは「受容性」と「保全性」の高いタイプであり、夢までの遠回りには「最初の一歩をなかなか踏み出せない」という「保全性」の慎重さも多分に影響していると思われます。それに加えて、「受容性」の高い人がネガティブ状態のときに陥る「優柔不断さ」もあったでしょう。マンガの序盤では、「受容性」（と保全性）の強みを活かし切れず、自分を卑下したり、逃げ続けたりする冴えないムッタが描かれています。

「受容性」の高い人にお伝えしたいのは、「決められない」のは、欠点でも、能力として劣っているということでもなく、そういう個性だということです。

「決められない」のは、周りの人たちの状況や気持ちに敏感で、皆を笑顔にしたいからです。「決められない」のは、メンバー一人ひとりの気持ちに寄り添い、皆の意見を尊重したいからです。これは「受容性」の高い人の大きな強みです。

　だから、それでいいのです。「決められない自分」を受け容れましょう。そうすることで初めて、「受容性」の本来の強みが活かされる道が拓けてきます。

　そんなシーンが『宇宙兄弟』にあります。宇宙飛行士選抜試験の3次試験で、宇宙飛行士にふさわしいと思うメンバーを2人選ばなければならない場面で、ムッタが「ジャンケンで決めよう」とチームに提案したのです。

5巻 #39「グーとチョキとパー」

「受容性」の高いムッタは、決断が苦手です。ジャンケンという手法だけ見れば「ダメな意思決定の典型」と言えますが、ムッタがなぜジャンケンを提案したのかを見ていくと、「受容性」の高い人ならではの意思決定の形であることがわかります。

このシーンについては、前作『あなたの知らないあなたの強み』で詳しく書きましたので、そちらをお読みいただければと思います。かいつまんで説明すると、2人を選ぶには「話し合い」で決める方法もありましたが、その場合は各メンバーの弱点を突いて、消去法で決めることになります。試験課題に対してそれぞれが能力を出し切り、メンバーの誰が選ばれてもおかしくない。ムッタは誰のことも切り捨てたくありません。共に過ごした試験期間中、衝突しながらも、お互いを理解しようと努め、絆も生まれていました。

そこでムッタは、「話し合いで決めるのを放棄」したのです。早い話、自分たちで決めるのを「やーめた！」というわけです。しかし、これは決して後ろ向きな選択ではありません。

ムッタの思いはこうです。

「楽しかったこの2週間を、『楽しい5人』のままで終わりたい」

ジャンケンという〝運任せ〟の選出方法に委ねることで、メンバーとの友情を大切したいという「受容性」ならではの願いを優先させます。結果的に、この5人には固い絆が生まれ、その後もお互いに励まし合い、支え合う、かけがえのない仲間になっていくのです。

受容性の武器は「皆の合意に基づく」意思決定

利益相反の状態で、どちらかに「決める」こと自体がストレスを生む。ならば、利益相反という前提条件自体を溶かしてしまえばいい。でもどうやって？

そこに「受容性」の強みを活かすことができます。キーワードは、「丁寧な合意形成」です。つまり、「相手の良い面を理解しながら、合意を引き出す」ことです。

具体的に言えば、チーム内で対立が起きたなら、時間をかけて一人ひとりと会話をするのです。それによって対立を解消し、皆が同じ方向に向くように働きかけります。普段から相手の話を聞くことに慣れている「受容性」の高い人ならば、頑なな相手も心を開いてくれるはずです。言いたいことを存分に言ってもらい、その上でこちらからも丁寧な説明を繰り返し、皆から「そういうことなら」と納得を引き出すことができれば、物事は自然と決まります。

合意形成によって意思決定をしていくリーダー、そのお手本となる人が、『宇宙兄弟』にもいます。NASAのベテラン宇宙飛行士であり、ムッタを含む宇宙船クルー「ジョーカーズ」のリーダーに就任するエディ・Jです。

エディは、前作の『あなたの知らないあなたの強み』でも取り上げたように、日本人に多い「受容性・保全性」が高いタイプが目指すべきリーダーシップを体現している人です。クセが強く、バラバラな個性の寄せ集めだったジョーカーズの5人のメンバーを、「受容性」に特有の寛容性と共感力でまとめ上げていきます。メンバーの話に耳を傾け、気持ちに寄り添い、一緒に考えてメンバーの行動を後押ししてくれるリーダーです。エディの気配りやサポートによって、相互理解を深めていったメンバーたちは、見事なチームワークを発揮するようになります。

エディがどのようにして多様な個性のメンバーの思いを一つにまとめていくかを見てみましょう。

ジョーカーズが月面で天文台建設ミッションを遂行しているとき、大規模な太陽フレア（太陽面爆発）が発生します。これによって強い電磁波が宇宙に放射され、その影響で通信の途絶や電子機器の誤動作など、さまざまな不測の事態が起きる可能性が出てきました。いつ何時、危機的状況に陥るかわからないなか、ムッタがモニター画面に「キラッ」と光る不審なものを見つけました。それをメンバーに伝えます。

これらの会話には、メンバーの個性の多様性がよく表れています。

ムッタの問いかけに、まず反応したのが「拡散性」と「凝縮性」の高いベティ。主張が

何だと思う？あのモヤッとしてキラキラしてるやつ
ん――カメラの不調じゃない？
神秘だね
〝月のオーロラ〟と名付けよう
大気がないのになんでオーロラが出るんだよ
おそらくCMEが原因でこうなったと思うが
ここまで肉眼で現象が見えるという話は聞いたことがない
……
じゃあさ…
貴重なもん見れてラッキーってことで…
とにかく切っておこう
地球でも各地で停電が起こってしまうほどの
過去最高レベルのCMEが来てるらしい
ブンッ

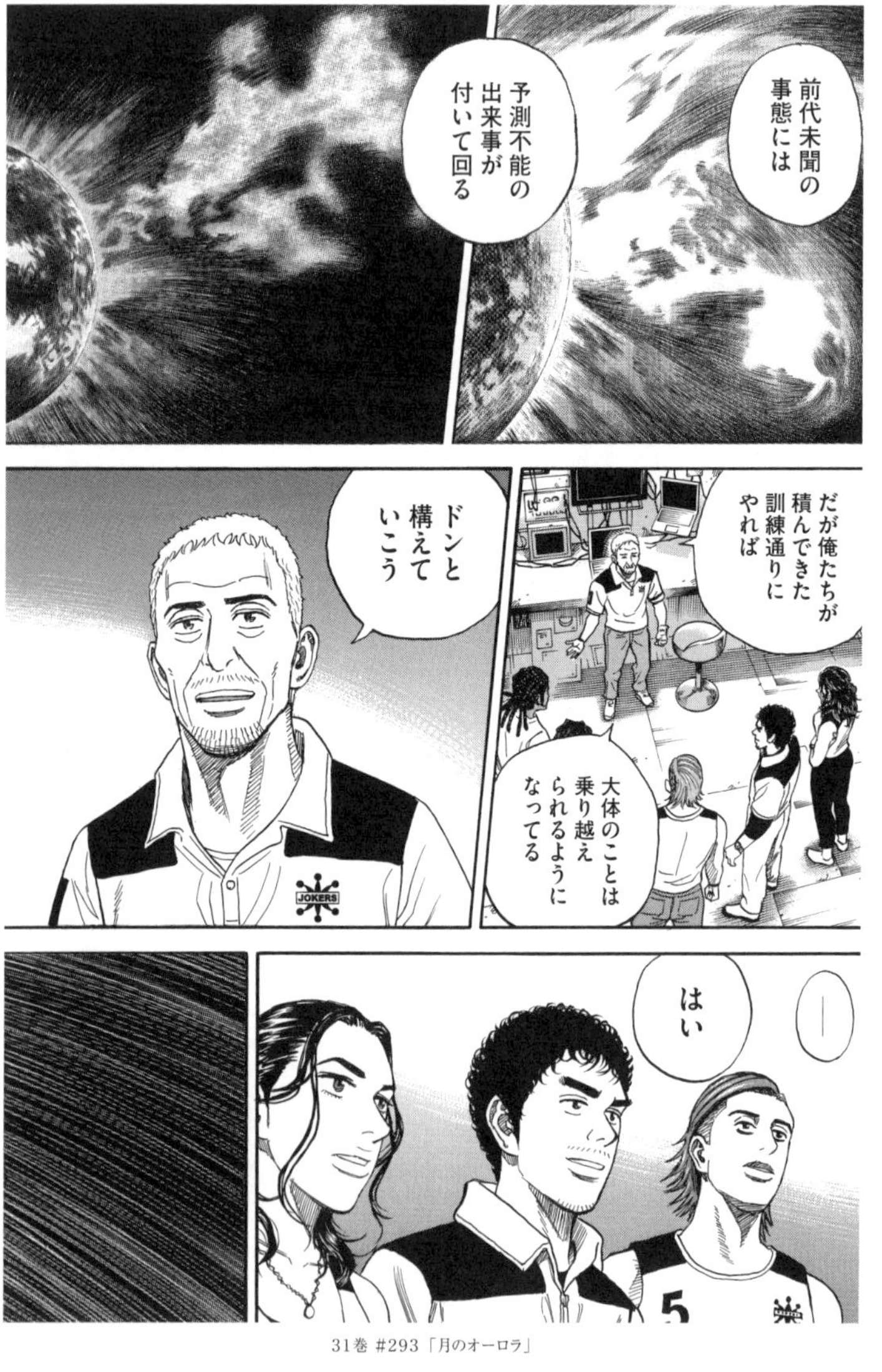
前代未聞の事態には
予測不能の出来事が付いて回る
だが俺たちが積んできた訓練通りにやれば
大体のことは乗り越えられるようになってる
ドンと構えていこう
ー
はい
JOKERS

31巻 #293「月のオーローラ」

はっきりしていて、「カメラの不備じゃないの」と、ある意味ムッタの不安に水を掛けるような疑問を投げかけます。彼女の言葉を受けて、すぐさま異なる視点を投げかけたのは、「拡散性・弁別性・受容性」の高いカルロです。「神秘的だね」と応じて、「月のオーロラ」と命名します。切羽詰まった状況でも発想がユニークというか、どこかふわっとしているのは、「拡散性」らしいと言えます。さらに疑問を投げかけたのが、「拡散性」の高いフィリップです。3人とも「保全性」より「拡散性」が高いタイプのため、話が散っていきます。

そこで、「保全性」の高いアンディが、冷静に事態をまとめようとします。着実な落としどころを探ろうとするところに、慎重な「保全性」の特性が表れています。アンディの言葉を聞いて、ムッタは少し不安そうです。それが表情に表れています。

そして、メンバー全員がそれぞれの思いや考えを述べたところで、それらを受け止め、経験に培われた情報を伝えながら、その場をまとめたのがリーダーのエディです。

「君たちが積んできた訓練通りにやれば、大体のことは乗り越えられるようになっている。ドンと構えていこう」

自分で率先してチームを引っ張っていくというより、メンバーが自由に話し合える環境を作ることで、物事を進めていくのがエディ流。メンバーのことを信じ、彼らの自主性を尊重しながら、「それぞれの意見はあるけれど、進む道は同じ」と、メンバーが同じ方向を向くように導いていくのです。

決めるのが苦手なら、決められる人の力を借りればいい

「受容性」の高い人が選択すべき意思決定のもう一つの方法として、「決めるのが苦手なら、決めるのが得意な人の力を借りればいい」ということも覚えておいてください。

つまり、自分でなんとかしなくたっていいのです。そういうのが上手な人にやらせましょう。要はチームとして、組織として、「成果に導ければいい」と理解することが大切です。

あなたと異なる個性のメンバーは、それぞれに得意なことが違います。それぞれの得意や強みを掛け合わせて、一人では実現できないことを成し遂げるのが、チームの力です。

判断に困ったら、合理的に考えるのが得意な「弁別性」の高い人に聞きましょう。

決断できないときは、ズバッと決められる「凝縮性」の高い人に任せましょう。

ありきたりでつまらないと思ったら、創造力の豊かな「拡散性」の高い人を動機づけて、アイデアを出してもらいましょう。

チーム運営を効率化したかったら、仕組み作りの得意な「保全性」の高い人に手伝ってもらいましょう。

どうですか？　メンバー個人の能力では達成できない夢や目標も、あなたが率いるチー

ムなら、手が届きそうではないですか。それにメンバーが気づけば、自然と、「自分の夢はこのチームで現実にできる」と思うようになり、本当にチームは一つになります。

「受容性」の高い人は、「誰かの意見を採用し、誰かの意見を切り捨てる」という「厳しさ」を、無理に自分に課す必要はありません。「皆の合意を引き出すことに注力することができる」。これが自分の強みであり、自分の意思決定のスタイルだ、と理解し、受け容れることが大切です。

自分の性格を理解し、認め、周囲を巻き込んで物事を進めることができるようになったら、次は、自分の考え方や能力をどう他人に見せていくか、です。その話は3章で。

まとめ

受容性

- 「受容性」の高い人は、周りを切り捨てなくても意思決定はできることを知ろう。
- 相手の話を徹底的に聞き、気持ちを受け止めることで合意を図ろう。
- 他者のために動くのが好きだからこそ、みんなの助けを借りられる。

「凝縮性」の自己肯定

覚悟を持って主張する強い人 丁寧な説明で周囲を味方に

明確な価値観のもと、先の不透明な状況でも「決められる」凝縮性の高い人は、「決められない」タイプの多い日本社会では稀有な存在。だからこそ、持論を強く主張しすぎると周りから反発を受け、孤立することも。強みである「強いリーダーシップ」を発揮するには、まずは自分の個性が超少数派であることを認識し、周りの納得を得られるよう丁寧な説明を心がけましょう。

「保全性」や「受容性」の高い人には「強いリーダーシップ」への憧れがある、と書きましたが、まさにその強いリーダーシップを発揮できる素質を持っているのが、「凝縮性」の高い人です（※）。「凝縮性」の高い人は、明確な価値基準を持っているので、はっきり主張し、決めることができるのです（※リスクを恐れず推進する力がある、という意味では「拡散性」の高い人も強いリーダーシップの持ち主です）。

一方で、「これはこうすべき」と持論を主張しすぎると、融通の利かない人、頑固な人と思われて、周囲と軋轢《あつれき》を生むこともあります。特に、「受容性」と「保全性」の高い人が多数を占める日本では、周りや相手を柔軟に受け容れ、継続的に維持改善していくのが平均的な日本人像です。こだわりが強く、持論をグイグイと押してくる「凝縮性」の高い人は、周りから理解されにくく、生きづらさを感じることもあるでしょう。これは企業であっても同じこと。

ただし、国や地域が変われば、事情は変わってきます。

帰国子女が日本の学校に馴染みにくいのと似ている

ご存じのとおり、米国では「自分の考えを主張する」のは当たり前です。日本人とは対照的に、米国人は平均して「凝縮性」「拡散性」「弁別性」が高いことがわかっています。

米国ではディベート教育が浸透している上に、家庭教育でも常に、「あなたはどうしたいの？」と子どもの意思が問われます。主張し合うことが、意思表示であり、問題解決の重要なプロセスだと考えられているのです。主張と主張をぶつけることで、論点が明確になり、そこから理由や背景を共有して、解決へとつなげていける。主張するからこそ、両者の意見の違いが明確になりますし、また、どれだけ離れているかも明確です。それによって、中間点を探ることも容易になるのです。

逆に、主張しないと、「何も考えていない人」「持論のない人」とみなされて、軽蔑されることさえあります。ですから、主張することを学び、鍛えていくことが、米国社会を生き抜くには必要なことなのです。

ところが、日本では、持論を主張すると「協調性がない」「和を乱す」「慎みがない」と思われがちです。学校においては、先生の言うことに異論を唱えたり、反論したりする子どもは、「言うことを聞かないダメな子ども」として「先生に指導される」対象になります。

米国駐在から帰国したばかりの某会社の部長から、こんな話を聞きました。「娘が〝自己主張が強すぎて問題になっている〟と学校から呼び出されるのです。米国で育つと、主張するのは当たり前なんですけどね」と。親としてはやるせない気持ちでしょうね。

日本では、和を尊ぶこともあり、「全体調和」を重んじて「空気を読む」ことが求められます。

会議で「そもそも、なぜ？」という主旨の質問をしようものなら、シラっとした目で見られることもしばしばです。場合によっては、主催者から「邪魔ばかりしおって、叩き出すぞ」と言わんばかりのプレッシャーをかけられることもあります。

「フェア」のつもりが「ゴリ押し」と取られたり……

また、こんなケースもあります。「凝縮性」の高いAさんが自分の意見を主張したとしましょう。もう一人のBさんが「凝縮性」の低いタイプの場合、「考え方が違うな」と思ったとしても、押しの強いAさんと「対立するのは嫌（というかゴリゴリ押してきて逆らうのが怖い）」なので、なんとか丸く収めようと考えて、早々に譲歩してしまいます。

その後もやり取りが続いて、折り合いがつかない場合、「では、中間点を取りましょう」ということになるのですが、すでに譲歩しているBさんは、そのことを言い出せません。結果的にBさんは、中間点どころか不利な条件を飲むことになり、悔いだけが残ります。Bさんには、「Aさんが強引に主張を押し通した」ように見えているからです。恨みが高じて「あの人はやりにくい」と悪い噂を流したりするかもしれません。

一方、Aさんの捉え方はまったく違います。Aさんは、自らの考え方を主張し、折り合いをつけるために「相互の主張の中間点を落としどころにした」。それだけです。「フェアな議論の末の決着」のはずなのに、「なぜ悪口を言われるんだ?」と疑問を持つことになるのです。ちなみに、「凝縮性」の高い人は、「フェアでなければならない」とも主張します。Bさんには「どこがフェアなんだ?」と、ますます納得がいかないでしょうね。

この場合、どちらが悪い、というより、互いの個性への理解不足が招いた行き違いの影響が大きいと言えます。しかし、このような経験を何度か重ねていくと、「凝縮性」の高い人は、周りの人のことを信じられなくなり、「世の中は裏でコソコソする卑怯な奴だらけだ」と、人を見下してしまうことがあるのです。

「決める」というより、すでに「決めている」

「凝縮性」の高い人の特性は、情報やデータなど判断材料がない場合でも、「決められる」ことです。

このように説明すると、「情報がないのに、なぜ決められるのですか」と、「凝縮性」が高くない人からよく質問を受けます。これはそのとおりで、「決めるために、何かしら情報を集める」のが一般的なステップですよね。特に「弁別性」の高い人は、判断材料や前提条件を欲しがります。白黒はっきりさせるために、判断の根拠となるデータや情報が必ず要るからです。それらがなければ判断できない。だから、疑問に思うのも当然なのです。

しかし、「凝縮性」の高い人は、決められる。それは「決める」というより、「決めている」からなのです。つまり、本人の中での価値基準＝「正義とは、こうあるべき」が明確です。「これは正しい」「これは間違っている」と本人の基準で決めるので、「正しいことはすべきこと」であり、「それをするのは当然」なのです。もし万が一、「やらないほうが合理的」という情報が出てきたとしても、「もう決めたこと。情報は関係ない」とブレずに進めていきます。「凝縮性」の高い人は、有事のときには「心強い存在」になります。「暗中模索の状態で、拠り所がない」ときでも、「決めることができる」からです。責任感も強く、やり抜く覚悟で決断しますから、どんな難儀な状況に追い込まれても、逃げることなく突き進んでくれるのです。信頼できる人です。しかも、その人が経験豊富であればあるほど、その決定には確信に近いものがあります。

『宇宙兄弟』で、そんなシーンの一つを見てみましょう。141ページの場面の直前になります。月で遭難したヒビトたちを救うため、彼らが現場から移動している場合を想定した救出プランを、アズマが上司に提案するシーンです。

NASAの緊急時のマニュアルからすれば、現場移動はタブー。しかし、アズマには確信がありました。酸素切れのリスクから、ヒビトらがルールを破ってでも移動している可能性があり、それに対応する策を打つ必要がある、と。

なぜそう思う?

クラウドさんも言ってたはずです起こりうる最悪のケースも想定するべきと

今 本当に最悪なのは2人が〝待機〟していることより
〝移動〟している場合です

自ら脱出すべく移動しているとすればそれは
〝ビートル《助け》〟を待ってる時間がないということです
JAXAの案は
最悪のケースを想定して考えられた
最善の策です
…………
だが……
ビートルを20㎞もズレた地点に向かわせるというのはあまりにもリスクが……

9巻 #85「ピース」

救出隊をさらに派遣するリスクを恐れる上司に、アズマは自分の責任での実行を提案。そして、先に見たシーンにつながるわけです。

このように、自らの信じるところに忠実な姿勢が組織や仲間を救うこともある一方で、頻繁に状況が変わる局面でも一度下した決断を変えず、最新情報にアップデートしない、他者の進言にも耳を貸さない、となれば「独善的／専制的な意思決定」に陥る危険性もあります。「凝縮性」のこだわりの強さが裏目に出ると、そうなるわけです。

「稀有な存在である」ことに誇りを持とう

1章の「凝縮性」の説明で、日本は変革が難しい国、と言いましたが、こうして見ると、「凝縮性」の高い人は、日本社会では「稀有な存在である」ことがわかると思います。なかなか決められない人が多いなかで、自らの価値基準をベースに、どんな状況においても「決められる」のは、強力な武器になります。

ですから、「凝縮性」が高い人は、自身が「稀有な存在である」ことを誇りに思ってください。そして、その特性を強みとして発揮するすべを身につけていただきたいのです。

先ほども述べたように、「凝縮性」の高い人は、「頼りがいのある人」にもなれば、「独善的な人」にもなり得ます。その差は何なのでしょうか。

吾妻さん!
パシャシャシャ
パシャ
パシャ
吾妻さんCMの依頼を全部断るというのは本当ですか!
パシャ
講演の依頼まで断ったのは何故ですか!?
みんな月の話を聞きたがってますよ!
「月での孤独感」が原因ですか?
パシャ
パシャ
吾妻さん
失礼
俺が月で孤独だったと
言ってほしいのか?
船内には家族の声も映像も届いていた
月に降りた2人のクルーも時折無線で冗談を言ってくれた

7巻 #63「最初の一歩」

記者会見でのメディアのあまりの決めつけと、家族に勝手にマイクを向けられたことで、アズマはとうとう会場を去ってしまいます。アズマの心中は察するに余りあります。一方で、彼は自分の気持ちを最後まで言葉で発しませんでした。無言のまま、表情も変えずに出ていきました。これも、とてもアズマらしい〝名シーン〟です。

説明しないとわからないこともたくさんある

こんなアズマが私は大好きなのですが、彼のようなカリスマ性や実績がまだないあなたにとって、学べることが2つあります。一つは、決断の根拠となった自分の価値基準を、周りの人にもわかるようにきちんと説明することです。

「凝縮性」の高い人が決めるときは、「最後は自分が責任を取る」という覚悟を持っています。ですから、「俺についてくれば大丈夫」とばかりに、周りの人に説明することなく、独りでグイグイと進めてしまうことがあります。その手段や方向性が周りの人も納得できるものなら問題ありませんが、そうでなければ、「勝手に進めている」「強引な人」と受け取られて、反発も生まれるでしょう。

「凝縮性」の特性をポジティブに発揮するためのもう一つのポイントは、周りの意見に謙虚に耳を傾けることです。特に経験の浅い学生の皆さんは、自分のこだわりや価値基準が一般的なのか、自分の狭い常識に留まって〝偏狭〟になっていないかを真摯に確認する必要があります。

「自らの経験だけではまず間違いなく足りてない。だから、人の知恵を借りるのが良い」という意識を刷り込みましょう。

「決断する」「責任を取る」ことは、誰にでもできることではありません。決断の根拠となる価値基準を周りの人と共有し、共感と納得を得ることで、「決められる」という特性を強みにできるのです。その上で、「自分は決断ができ、その理由を他者とわかりやすく共有できる」ことを、第三者にアピールできるようになれば怖いものなしです。そちらは3章でお話しします。

まとめ

凝縮性

- 「凝縮性」の最大の強みであり弱点でもあるのは、自分だけで「決められる」こと。
- 情報のアップデートを心がけ、自分の思い込みの罠にはまらないように注意。
- 責任を取るから、ではなく「自分が何を考えているか」を丁寧に説明しよう。

「理不尽な他人」とどうやって折り合いをつけるかがカギ

「それは合理的ではない」で世の中を渡っていければいいのですが、就活を含め、世間は不合理のカタマリです。他人にいらついて、しかも「冷たい人」呼ばわりされたのではそれこそ不合理というもの。あなたが身につけるべきは、理不尽さへの耐性でしょうか。いいえ、不合理の先に「合理」を見つけ出す能力です。

合理性を重んじる「弁別性」の高い人は、ムダなことや、割り切れないことが大嫌い。けれども、世の中はそもそもムダが多いし、割り切れないことばかりです。ビジネスだってそうです。感情を持つ人間の営みであるビジネスにも、理不尽さがつきまといます。誰もがスパッと物事を割り切って、投資対効果を最大化できる最適解を選んでいるわけではありません。にもかかわらず、「弁別性」の高い人が何事もスパスパと割り切って進めようとすると、周囲との軋轢が生じ、ビジネスの目的を果たせなくなってしまいます。

人付き合いも「効率重視」で冷たい印象に

実のところ「弁別性」の高い人には、世の中には「ムダが多いな」とか、「感情的だな」と思えることが多いので、ちょっと周囲をバカにしがちなところがあります。それで周りと距離を取ろうとするので、「冷たい印象」を与えることも。

人付き合いのエネルギーも効率重視なことが、つまらない行き違いにつながったりします。日常生活や仕事においては、前提条件や情報が変われば、判断が変わることは当たり前です。常に情報をアップデートし、それを互いに共有することで、コミュニケーションも円滑にできるのですが、〝ムダなく〟が行きすぎると、条件や情報が変わったことを伝えずに自分の都合で進めようとして、相手との合意を反故にしてしまうのです。

最近、私自身、「弁別性」の高い相手との間で前述のようなズレが発生し、不快な思いをする経験が連続してありました。これが上司と部下の関係や、取引先との関係であれば、部下や相手を精神的に追い込む可能性があります。こうしたことを本人が無意識のうちに繰り返していると、周りから人が去っていき、自らの生きづらさになるかもしれません。

こう考えると、「弁別性」の高い人に必要なことは、ムダなことにも多少は目をつむり、他者の不合理さといかに折り合いをつけるか、と言い替えることができそうです。

理不尽さや割り切れなさに対応するには？

そうは言っても「弁別性」の高い人は、無意識のうちに割り切ってしまうのですから、「たまには大きな心で、理不尽さにも目をつぶろう」という態度に明日から変えられるわけではありません。個性からして、「割り切らない」ではいられないのです。

では、組織内で遭遇する理不尽さや割り切れなさには、どう対応していけばいいのでしょうか。

理不尽さを解消するには、自分で納得のいく新たな判断基準で線引きすることで対応できます。つまり、曖昧模糊とした状況や関係にも、「何らかの意味はある」と〝割り切れば〟いいのです。

理不尽と感じるのは、自分が決めた判断基準に合わないからです。だったら、理不尽のラインを少しずらして、「理不尽に見えるが、意味はあるはず」という認識に変える。

……なんだかムチャクチャを言っているようですが、実は、合理性がないと行動するのが辛い「弁別性」の高い人は、何か「理由がある」と思えさえすれば納得でき、力を発揮する、という強みも持っているのです。

「理不尽なことにも意味がある」と認識する。これは具体的にどういうことでしょうか。

ここで再び、『宇宙兄弟』からビンセント・ボールドの出番です。彼の登場シーンから、「弁別性」の高い人が参考にすべき振る舞いを紹介しましょう。

月面天文台を建設するミッションのため、月に滞在中の主人公のムッタと同僚のフィリップ・ルイスが、NASAにいる地上のビンセントと通信する場面です。ムッタとフィリップは、事故で大怪我を追ったメンバーを含む仲間4人が地球へ帰還した後も、天文台を完成させるため月面残留を余儀なくされ、2人はかなりのストレス状態に追い込まれています。しかも、太陽フレアの危険が迫るさなか、ムッタたちが地球へ戻るための帰還船のめどはついていていません。先が見えない不安な状態が続いています。

ムッタとフィリップが、滞在中のムーンベースから、少し離れた小型基地へと移動したときのこと。2人が建物に足を踏み入れると、無人のはずの基地内に、人影がありました。

うわあぁっ!!
ええっ な…っ なんで!?
うわっ!!
なになに なに!?
誰よ!?

え……
生きてる？
ギシ…
!!
ふわあっ!!
ひいいっ!!
ヒューストン！
だ…!…っ 誰かいます！

ウイイッ
ええ〜〜〜
なにコレ〜〜……
きゅ……旧型のジョックじゃん…
ここの管理用ロボかチクショー……
忘れてたよ
ここ建設したの〝紫さん〟のクルーだった

プス プス プス
気が済みましたか？
ムラサキ……
はい
プル プル プル
ピピッ
ア……ツ ムラサキサマ オクシブリデス！ 通信切リ替エマス！
えっ
パッ
やあ ムッちゃん フィリップ！
紫三世 でーす！
いやあ～ ありがと ありがと
すばらしい リアクション
「ヒューストン 誰かいます！」 ってのあれ よかったなあ
む…… 紫さん……

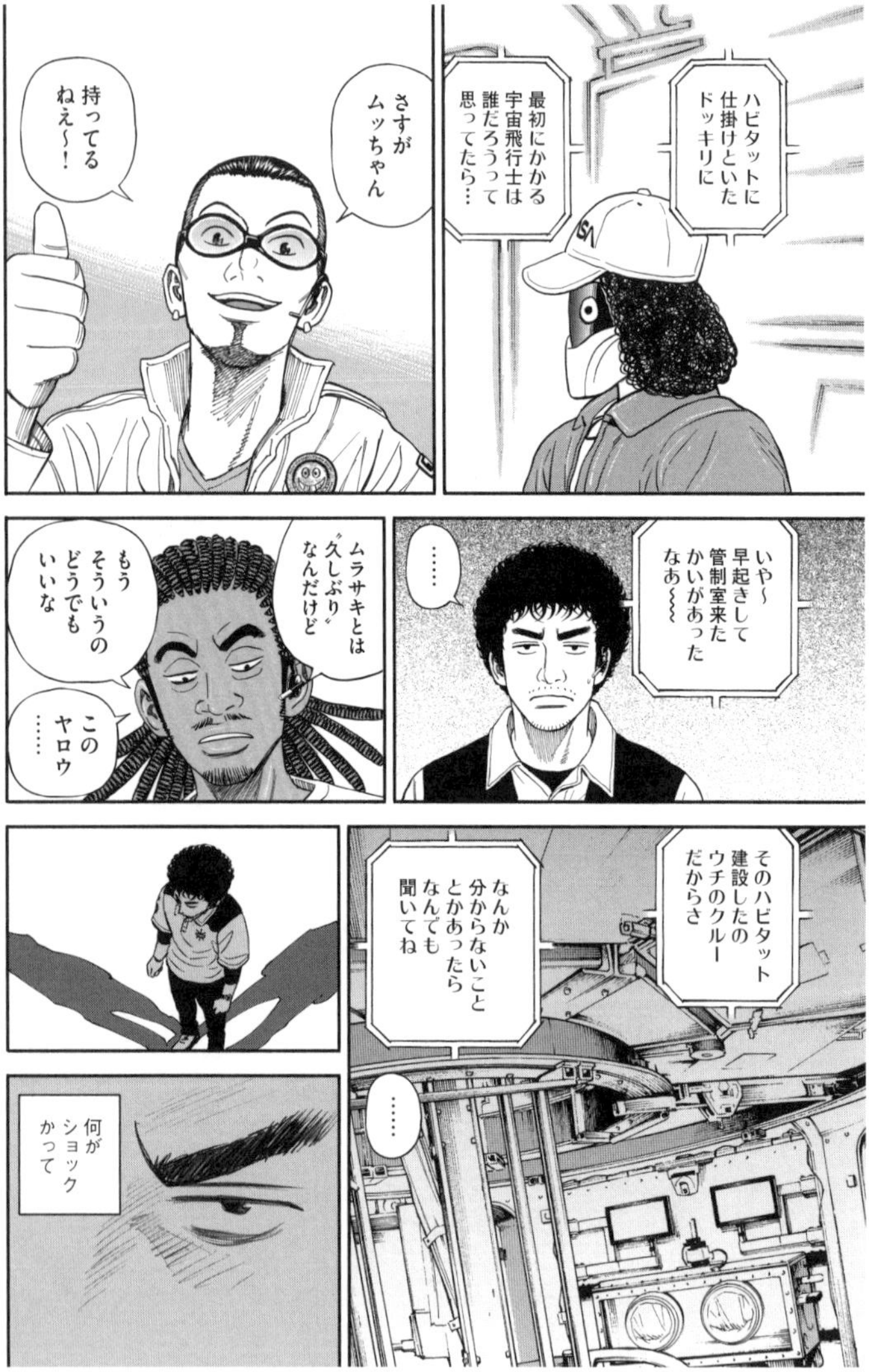
ハビタットに仕掛けといたドッキリに
最初にかかる宇宙飛行士は誰だろうって思ってたら…
さすがムッちゃん
持ってるねえ～！
いや～早起きして管制室来たかいがあったなあ～～～
……
ムラサキとは〝久しぶり〟なんだけど
もうそういうのどうでもいいな
このヤロウ……
そのハビタット建設したのウチのクルーだからさ
なんか分からないこととかあったらなんでも聞いてね
……
何がショックかって

知ってたはずのビンスさんまでが……
こんなドッキリに加担してたという事実
紫さんまさか…
ドッキリの結末を見るために管制室に？
ははっ
流石《さすが》にそれだけじゃ怒られちゃうからね
ちゃんと仕事しに来たんだよ
今日はこの後ジョックを遠隔操作して
明日の動作確認をやるんだ
えっ
そう
明日のジョックの操作は
俺に任された！

38巻 #355「smile」

「誰かがいる」と思った相手の正体は、管理用ロボットでした。2年前、この基地の建設に関わった日本人宇宙飛行士の紫三世が、後からやってくる宇宙飛行士を驚かそうと仕込んだイタズラだったのです。

〝アソビ〟を受け容れたビンセント

ビンセントは、かつてムッタのアスキャン（宇宙飛行士候補生）時代の指導教官だった人物です。ムッタが知るビンセントは146ページで見たとおり、ムダをトコトン嫌い、自分にも相手にも厳しい合理主義者でした（ただし、見込んだ相手には手を差し伸べる優しさがあります）。

当時のビンセントなら、「イタズラなど時間のムダ」と一蹴しそうです。それなのに、紫のイタズラを容認したことに、ムッタは驚いたのです。

合理主義者のビンセントが、紫の〝アソビ〟を受け容れたのはなぜでしょうか。

ムッタとフィリップがストレス状態にあることは、ビンセントも気づいていました。今後の作業を成功させるためには、「何かガス抜きになるようなことが必要かもしれない」と思っていたところに、紫が2年前に仕掛けたイタズラの話を聞いたのでしょう。「これは2人にとって気分転換になる」と明確かつ合理的に判断したのだと推察します。

38巻 #358「National Aeronautics and Surprise Administration, NASA」

イタズラ＝「意味がない」、と単純な合理性で切り捨てるのではなく、ムッタとフィリップには「意味のあるイタズラ」として受け容れる、より高い合理に到達したのです。

「弁別性」が「素直さ」を持てば鬼に金棒

現実の世界でも、実際に超アナログなサービス業に身を置き、「泥臭いことを受け容れることの合理」に行き着いた「弁別性」の高い人物を2人ほど知っています。

彼らは、普段はドライな面は一切見せません。どちらかと言えば、ニコニコしています。相手が話しやすいよう、笑顔でうなずいたり、自ら盛り上げ役を買って出たりして、和気あいあいとした雰囲気を作っていきます。その結果、短期間に親密な人間関係を構築することができているのです。

彼らも若い頃は、ドライな個性ゆえに損をした経験がありました。自己都合で人間関係を割り切っていては誰もついてこないことを学び、「仲間を作る合理」にたどり着いたのです。

仲間と親密な人間関係を築くことで、仕事をスムーズに進めることができ、その結果として「最短を実現している」、ということです。

何事にも合理的に対応できる能力は、ビジネスの世界では強みです。その合理性を、自分の損得勘定だけに使うのではなく、一緒に働く仲間や顧客の幸せのために使うことを学びましょう。割り切れない他者との関係にも意義を見出し、ある程度の理不尽も飲み込む合理にたどり着いたとき、大きく成長できるはずです。

自己都合の割り切りをしている限り、「弁別性」の強みは発揮されません。状況に合わせて条件を変え、必要であれば曖昧さや理不尽さも受け容れられるよう視座を高めていく。就活生が意識するには、はっきり言って高度なことを求めています。しかし、「合理性」さえあれば、すぐさま判断して動ける力を「弁別性」が高い人は持っているはずです。その力を持っていることをアピールできるよう、状況に応じて柔軟に対応できる「伸びしろ」を用意しておいてください。

これが「弁別性」の素直さであり、「自己肯定」だと私は考えます。

まとめ

弁別性

- 「弁別性」の高い人は、他人の「不合理」とどう折り合いをつけるかが課題。
- 不合理を飲み込んだ先に「合理」を見い出せれば、一段高みに登れる。
- 企業にとって合理性は非常に魅力的。不合理への理解があればもはや無敵かも。

3章

自己発信

「伸びる人材」と
印象づける

自分の「強み」を採用側にしっかり見せるには

自身の特性をポジティブに発揮する方法を理解したところで、ここからは、あなたの魅力や強みを就活でどのようにアピールするかを見ていきます。面接やエントリーシートで語るべきポイントを、事例を交えながら具体的に解説していきましょう。

採用担当者は学生の何を見ているのか

私は、ＦＦＳ理論を活用してくれているユーザー企業の採用担当者に、面接で「学生を見抜くポイント」を指導することがあります。もちろん、企業にはそれぞれ個別に「ここを見る」というノウハウがあると思いますが、ＦＦＳ理論を背景にしてお伝えすると、皆さん納得してくださいます。

その際のポイントは３つあります。

就活生の皆さんの立場で考えれば、この３つを意識して自己編集・発信を行えば、「この学生は自己理解がちゃんとできているな」と採用担当者に印象づけられるはずです。

1つ目のポイントは、「自分の強みを正しく理解できているか」です。これは当然ですね。

2つ目のポイントは、「その強みを活かした経験があるかどうか」。

その人の行動が自分の強みに根差していれば、それは「いつでもできる」はず。つまり、「再現性がある」ということです。学生時代と社会人では環境は違いますが、個性からくる強みは普遍です。学生時代に自分の強みを活かした行動ができた人は、会社に入ってからもその強みを発揮することができるのです。

3つ目のポイントは、「トラブルが起きたとき、どうやって解決したのか」です。

トラブルが起きると、その人のセルフマネジメント力が試されます。つまり、自分の個性を活かした形で対処や解決できたかが重要なのです。

トラブルを解決した経験を自分の強みに引き付けて語れる人は、社会に出てから同様のトラブルに遭っても「解決できる」傾向が強いのです。これも2つ目のポイントと同様、採用担当者は学生の「再現性」を見ています。

正しい自己理解によって「自分の強みの活かし方」を知っている人は、採用側からすると、入社後の伸びしろや可能性が感じられ、「欲しい人材」に映ります。

「保全性」の自己発信

キラキラエピソードより地道で周到な準備を語るべし

慎重さが強みの「保全性」。それを企業に正当に評価してもらうにはどうするか。つい、華やかな経験やリーダーとしての果断な行動、といった方向へ話を盛りたくなりますが、あなたがやるべきは、「準備に時間をしっかりかける価値を知っている、用意周到な人間である」と、自己アピールすることです。

2章までで、「保全性」の高い人の強みは「慎重さ」であることをご理解いただけたと思います。一見、地味かもしれません。でも慎重だからこそ、事前段階での準備を万全にし、実行可能な計画に落とし込んで、遂行できる。

そして、これも申し上げたとおり、実はこの能力はビジネスパーソンに求められる素養でもあるわけです。

この「慎重さ」を、面接やエントリーシートでどう伝えるのか。

ここが重要です。慎重さを魅力として伝える方法がわからないから、ぱっと目を引くエピソードに頼りたくなるわけです。

ところで、最近の「保全性」の高い学生は、面接で以下の活動をアピールする傾向があります。

1：海外留学

2：NPO／NGO／ボランティア団体に所属して積極的に活動している

3：体育会やサークル、学生自治会などの役職を経験している

並べると、そのキラキラっぷりに「どこが地味で慎重派の保全性なんだ」と突っ込みたくなるかもしれません。

これらの活動は、従来は、未知の領域に臆せず飛び込んでいける「拡散性」の高い学生

に多かったものです。ところが今はSNSなどで情報入手が容易になり、留学もNPOも、すでに「こうすれば大丈夫」なルートが存在しています。大学の授業で留学を組み込んでいるところも山ほどあります。

すでに道ができていれば、山登りのようにしっかりステップを踏んで進んでいくのは「保全性」の高い人の得意中の得意。「拡散性」でなければできなそうな見栄えのするエピソードが「保全性」でも手に入る！ と、学生の間にどんどん広がっています。留学、NPO、役職、私はこれを「保全就活生の『三種の神器』」と命名しました。ちなみに、「拡散性」の高い学生はあまり流行を気にせず、自分のしたいことを好きにやっているので、この手の「三種の神器」に該当するものが生まれにくいようです。

なんだか揶揄するような言い方になってしまいましたが、留学もNPOも役職も、「保全性」が高い人がやること自体には大賛成ですし、何も問題はありません。

もし「海外留学」の経験をアピールするならば

気を付けなくてはいけないのは、例えば「海外留学」一つとっても、「拡散性」の高い人と、「保全性」の高い人とでは、「語るべき内容が異なる」ということです。

「拡散性」の高い人が語るとしたら、恐らくこうなります。

「興味があったので、何の準備もせずに、とにかく現地に飛びました。行ってみたら想像と違うことや、失敗やトラブルも多かったのですが、その都度『こうやったらどうだろう』と、仮説・検証を繰り返しながら学んでいきました。偶然、現地の大学に講演に来ていた教授に心酔して、途中からその人の下で学ぶため、大学を変わりました。そうしたら、一緒に起業しないかと誘いが……」

「こいつはどこまで転がっていくんだ」と思わせる行動力、積極性などが「拡散性」の強みです。「保全性」の高い人も、「派手なエピソードを手に入れた」という意識から、同じようにやってしまうかもしれません。

実際には、留学の手配を業者に頼んだり、NPOは実は先輩から運営を受け継いだりしていたとしても、そうした積み重ねの部分を隠して、すべて自分でゼロからやってのけたような言い方を、ついしたくなるものです。

でも、そこが罠です。面接官は「風呂敷を広げる」学生に敏感です。

「話を盛っているな」と思われたら、発言を素直に受け止めてもらえる可能性が大きく下がります。「NPOはどうやって設立したの」といった面接での問いに、「ゼロからやりました」と、「拡散性っぽい」答えを返したくなるかもしれませんが、あなたの取るべき手は、「真実を話す」の一択です。

ただし、それでもちゃんとあなたの強みが伝わる言い方はあります。

「保全性」の高い人が、自分の強みをアピールしようとするなら、こうなるでしょう。

「ネットはもちろんですが、その国の大使館に行ったり、実際に行った人から話を聞いたりして、できる限りの準備をして現地に向かいました。最初は英語での授業に慣れなくて苦労しましたが、言葉のハンディがある分、ネイティブの学生の2倍以上の時間を予習にかけて授業に臨み、テスト勉強のときはさらに時間をかけました。その結果、クラスでトップの成績を取ることができました」

アピールするべきは「大胆さ」よりも「周到な準備」

おわかりでしょうか。

あなたが伝えるべきは、「行動の大胆さ」ではなく「周到な準備を惜しまない」姿勢です。リスクを踏まえ、一見ムダになりそうなことでも時間をしっかりかけて、想定できる範囲で確実に取り組むことで物事を成し遂げる、そうした「保全性」の強みを伝えましょう。

これはすなわち、「保全性」の高い人が就活のために行動するならば「準備」に時間を惜しまないことが最も有効だ、ということでもあります。最大の武器なので、もしそこ＝準備に手を抜くと、戦いはなかなか厳しくなるでしょう。

「保全性」が高い人がエントリーシートや面接で「強み」を活かすための心得を、もう少し具体的に言いましょう。

ポイントは、事実ベースで一つのエピソードを掘り下げながら、「なぜそう行動したのか」「考えた背景は何か」「成功体験・失敗を通じて学んだこと」を伝えることです。それが、「準備と積み重ねに強い、という、自分の強みを自覚している」ことのアピールになります。

採用面接官が知りたいのは、まさにここです。

面接官はつまるところ「その人の強みがどこにあるか、それを本人がどの程度認識しているか」を確認したいのです。それこそが就活で多用される「自己分析」の真の意味です。

正しく自己理解している人は、地に足が付いていて、壁にぶつかっても解決できる胆力があります。企業が求めているのも、そういう人です。

こんなアピールをするあなたを見れば「この学生は自分の強みを知っていて、それをどう使えば仕事に活かせるかをつかんでいる」と思ってくれるはずです。あなたは「正しく自己理解している」ことをアピールすればよい。それが正しく伝わるために、プレゼンの仕方にはちょっとしたコツが要る、ということです。

次に「役職経験」を語る際のポイントも挙げてみましょう。

強いリーダーシップをアピールしたくなるかもしれませんが、それは「保全性」の高い人の得意とするスタイルではないので、ぐっとこらえましょう。意見が対立する状態で一つの方向性を打ち出したり、見通しが利かない状況で先頭に立ってリードしたりするのは、あなたの得意技ではないのです。なのに、「皆をリードしました」と見栄を張ると、後で必ずボロが出ます。「無理して話を盛ってる」と気づかれてしまうでしょう。

「保全性」の高い人は、「強いリーダーシップ」のことは忘れて、自分の得意なことでチーム運営を成功させたエピソードを探して、整理してみましょう。

例えば、「保全性」が高い、社会人のSさんのケースが参考になります。

Sさんは、例えば会議を行う場合、事前に議題に関する情報を集め尽くし、スライドに整理して会議に臨んでいます。会議の直前までスライドに修正を加えるだけでなく、想定される質問への準備も怠りません。

会議では、決して強く指導するわけではありませんが、準備したスライドに沿って、議論を誘発します。参加者の個々のアイデアや意見を丁寧に聞き入れて、疑問点があれば質問を投げかけ、場合によりすぐにスライドを手直しします。常にスライドを意識させることで、全員が「同じ目的を持っている」ことを気づかせながら、合意に導いていくスタイルです。見た目は地味かもしれませんが、これも見事なリーダーシップの発揮です。

この例にあるような徹底した事前準備や、2章で説明した「体系化による仕組み化」といった文脈でエピソードを組み立てることができれば、「保全性」の強みを活かしたリーダーシップのアピールになります。

リーダーの〝女房役〟も悪くない

さて、リーダーや部長としての肩書はなくても、「縁の下の力持ち」としてチームを支えた経験のある人もいるのではないでしょうか。

例えば、こんなケースです。

「拡散性」の高いリーダーの下で、リーダーのひらめきを実現可能な計画に落とし込んだり、次から次へと下りてくる指示を抜け漏れなく遂行するための実務を担ったり、メンバーが効率よく分担できるような仕組みを作ったりするのが、自分の役割だった……。

心当たりがあるなら、あなたがやってきたことは〝斬り込み隊長〟の女房役です。

これまでも見てきたとおり、「拡散性」の高い人は自分の興味や関心、「凝縮性」が高い人は自分の正しさを信じて動きがちで、メンバーはそれに振り回され、チームとしての力を活かしにくいのです。そこに「保全性」の高い人が加わり、リーダーを補佐することで、チームが機能し始めることがよくあります。リーダーではありませんが、これも十分語るに足る話ですし、(影の立場での)立派な「サーバント型リーダーシップ」だと私は思います。

訓練教官《スポンサー》のビンスさんから最下位のE班にペナルティが出された
リーダー以外の5人の内一人だけに罰を受けてもらうぜ
……!
一人だけ!?
なんでリーダー以外なんだ……
誰か自ら罰を受けるって奴はいるか?
俺の親父は「罰するより罰せられる方が心が強くなる」!と言って俺を罰していたぞ!
また誰もきいてないことを……
ザッ
俺が……やるよ
!

どんな罰かは知らねえが
俺が実験台になろう！
ムッ君……！
よし！まかせた
南波《なんば》さん……
なんか……悪いよ
心配ないって 君たちに負担は負わせないよ
フッ
どーせ罰が回ってくるなら……
まだ体力のあるうちにやっとこう…！

35巻 #327「自分への言葉」

『宇宙兄弟』の、アスキャンの訓練で、リーダーのケンジの判断ミスで発生したペナルティを、ムッタが買って出たシーンです。彼の献身がチームをまとめ、ケンジも救いました。

もうお気づきかと思いますが、あなたの強みは、単独で発揮される必要はありません。誰かの弱みを補う形で、あなたの強みが発揮されればいいのです。

なぜなら、会社に入ったら単純作業を除けば、一人で完結する仕事などないからです。大きな仕事を成し遂げようとすればするほど、チームでの協力が不可欠です。

仕事はチームで成し遂げるものですから、あなた自身がすべてを指揮するような、強いリーダーシップを発揮する必要はありません。率先垂範型の強いリーダーシップを発揮する人（例えば「拡散性」や「凝縮性」の高い人）とコンビを組み、その人のサポート役に徹するだけで、とても強力なチームが生まれる可能性があるのです。

地味で地道な経験に「語るべきこと」が見つかるかも

「保全性」の高い人へのアドバイスをまとめます。

「保全性」の高い人は、「拡散性」の高い人に目立つ「活動量の多さ」や「肩書のきらびやかさ」に憧れて、そのマネをしたくなります。この罠に陥らないこと。「積極的で行動力のある自分」は、一つの理想型かもしれませんが、あなたが目指す理想型とは限りません。

地味で、地道だ、と思えることであっても、一度すべての経験を棚卸ししてみましょう。あなたが慎重であるがゆえの、準備の仕方、情報の集め方、計画性の高さなどに着目して、自分の強みを整理します。

慎重だけど努力を怠らない個性だからこその、「何事もなし得る強さ」をアピールすれば、採用担当者の心をグッとつかむプレゼンができます。実のところ、多くの企業で一番求められているのは、口だけの改革屋ではなく、任された仕事を誠実、着実に達成していく、あなたのような人なのです。

自分の経験を棚卸しする際に、「自分はチームの中でどんな役割を担って、どんなふうにチームに貢献したか」を考えてみてください。

「行動力はあるけれど自分勝手なリーダーを支えて、チームとして機能させた」
「事前の準備がみんなに喜ばれた」
「誰も気づかなかったミスに事前に気づいて、感謝された」

といった経験があれば、そこに着目してみましょう。周到な準備、計画性、きちょうめんさ、協調性は「保全性」の強みです。チームがゴールに向かって着実に歩みを進めるために、なくてはならない要素です。

会社が求めるのは、単独で活躍できる人よりも、チームで活躍できる人です。

苦手なことは、それを得意な人に補ってもらうことができます。

そのかわり、自分の得意なことで、相手の苦手なことをサポートすればいいのです。

「自分の得意なことを活かしてチームにどう貢献できるだろうか」という視点で自分のことを見つめ直してみれば、「自分も案外、いい武器を持ってるな」と気づくのではないでしょうか。

憧れのリーダー像を追い求める必要はありません。今のあなたのままで、最強なのです。

それに気づくことができれば、自信を持って面接に臨むことができるでしょう。

そんなあなたに、ムッタとフィリップが、月面天文台のアンテナ不良を一つひとつ確認していく、という「地味で途方もない」仕事をしているシーンを贈ります。拡散性の象徴のようなフィリップが、すっかりムッタをリーダーとして認めています。

最強のあなたを支えてくれるのは、「きっと誰かの役に立っている」、という思いかもしれませんね。

まとめ

保全性

- 「保全性」がキラキラ系のエピソードを語る際は、話を盛らないように注意。
- 語るのは「周到な準備」。誰かの役に立ち、支えに回ったエピソードも相性よし。
- 地味であること、地道であることも、誇りと自信を持って語ろう。

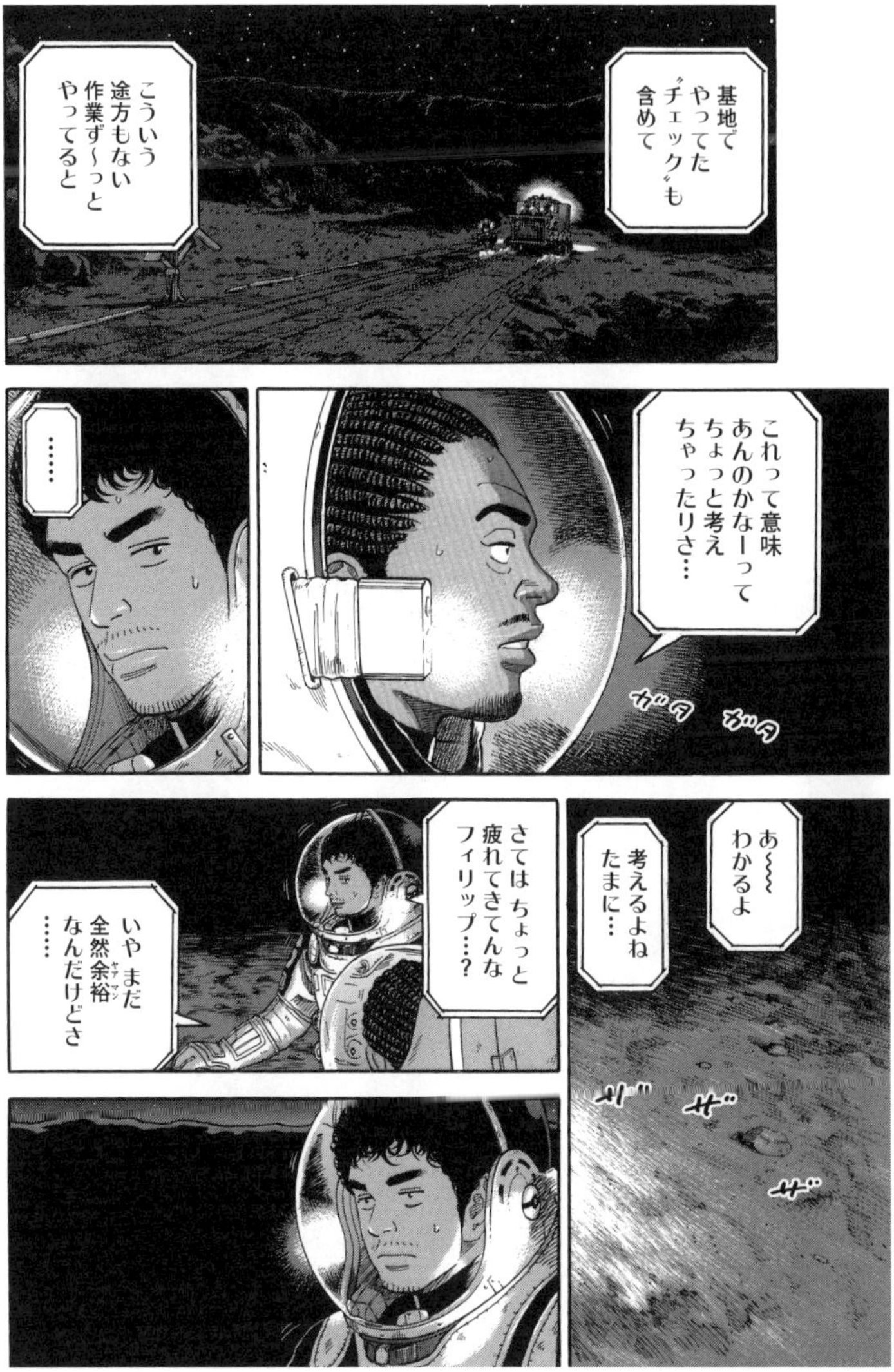
基地で やってた 〝チェック〟も 含めて
こういう 途方もない 作業ず〜っと やってると
これって意味 あんのかなーって ちょっと考え ちゃったりさ…
ガタ ガタ
……
あ〜〜 わかるよ
考えるよね たまに…
さては ちょっと 疲れてきてんな フィリップ…？
いや まだ 全然余裕《ヤァマン》 なんだけどさ
……
ザザ ザザ ザザ

俺たちの帰還船《ソユーズ》を打ち上げてくれた日本の技術責任者の一人に――
福田さんっていう友人がいてさ……
……?
「ソユーズを日本のロケットで打ち上げる」
っていう初の試みだったから
〝絶対成功〟のプレッシャーも相当あったと思うんだけど
振動荷重解析《しんどうかじゅうかいせき》とか飛行安全解析とかそれこそ途方もないチェック項目を一つずつ
何回も何回もシミュレーションしたと思うんだよ
N. MUTTA
……

おかげで打ち上げ成功して俺たちが助かるんだから
結果
すごい意味があったよね
福田さんの仕事は
うん……
俺たちもそれでいいんだよ
自分のやっていることの〝意味〟を探す必要はない

やったことの
結果が
誰かの
〝意味あること〟に
なればいいんだ
―――!
ザ
ザ
ザ
C・28
到着です
行こう
フィリップ
ザ
ッ
ク~~~~ッ!
ヤァマン
だわ
ムッタ!

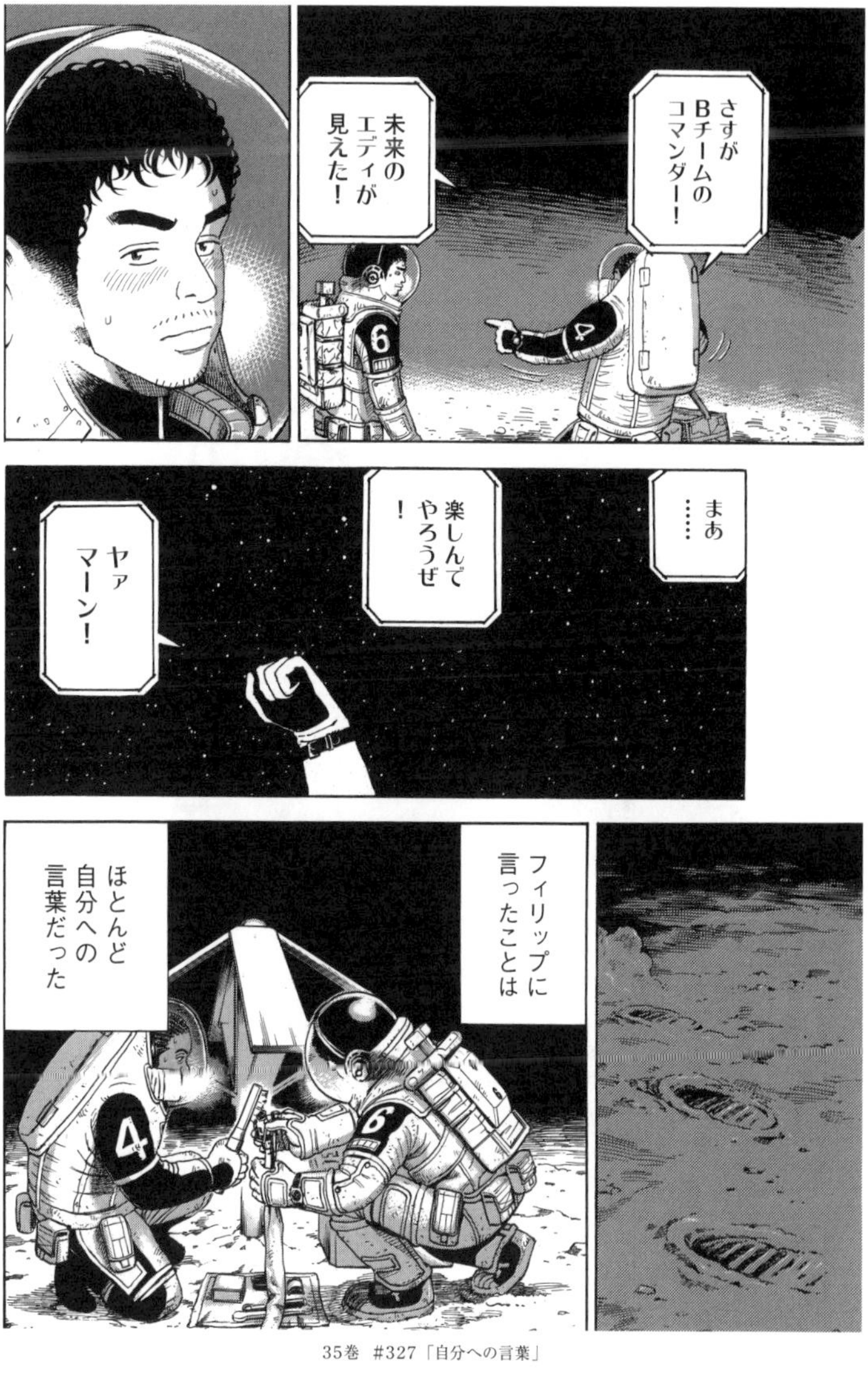

35巻 #327「自分への言葉」

「拡散性」の自己発信

時には自分を振り返り 嗜好と社会との接点を探そう

「どうしてやろうと思ったの?」「好きだから……」では、企業の面接は通れません。動くのが好きな「拡散性」の高い人ですが、自分はなぜこれが好きなのか、その嗜好と社会が求めていることとの接点はないのか、そこから突破口が見えてきます。出世より自分の好きなことで生きたほうが幸せなタイプなので、ここは真剣に考えましょう。

面白いと思ったら、すぐにやってみる。

この「拡散性」の特徴が強みとして発揮されれば「行動力がある」と評価され、企業にとっても欲しい人材に映りますが、裏目に出れば「行き当たりばったりで、失敗から学べない」との印象を与えて、組織には向かない人材と見なされてしまいます。両者を隔てるのは、「体験を通した概念化ができているかどうか」だという話を2章ではしました。

さて、あなたはどちらでしょうか。

もし、「どうもうまくいかない」と感じているならば、冷静に自分を見つめ直してみましょう。「行き当たりばったりでやってきて、就活を迎えてしまった」という方は、それに気づいただけでも、ラッキーです。

「行き当たりばったりにやってしまった」あなたへのアドバイス

とはいえ、今さら過去の体験は変えられないし、このタイミングで新たな体験を重ねながら概念化に至るのは、時間的にも難しいでしょう。しかし、だとしても、過去の体験の意味づけを変えることはできます。これまでの体験を棚卸しして、エントリーシートや面接でのアピールポイントを整理しましょう。

「拡散性」の高い人は、もともと飾らない傾向にありますが、全然飾らないのも問題です。

「飾る」とは、嘘をつくことではなく、第三者に正しく理解されるために必要なことです。

まず、「これまでの自分の行動の源泉は何であったのか」を考えてみます。もちろん、「興味を持ったから」が理由だと思います。しかし、自分の興味だけで完結してしまったら、それ以上の広がりはありません。「面白そうなので体験しました。以上」です。

これでは、あなたに興味を持ち、採用を検討する企業は現れないでしょう。

例えば、自分の体験を通じて、誰かの役に立つことができたとします。自分しかできないことで、誰かの役に立てたら、理想的な「オンリーワン」になれるかもしれない、これは面白そうだ……というふうに、自分の興味から生じた体験を、社会的な意味を持つ体験へと昇華していくのです。

『宇宙兄弟』で、意外なところから社会的な意味を持つ仕事を見つけた男をご紹介しましょう。彼の名前はオーウェン・パーカー。NASAでプログラムマネージャーという重責を担っていました。熱意ある後進を引き立てることが大好きでしたが、彼が推奨した人物が大きなミスを犯して失踪。パーカーは責任を取って辞任し、ウォルター・ゲイツに席を譲りました。ゲイツは思います。人を信じて地位を失う、自分はこんな目には遭いたくないと。

そのゲイツが昔通った店に立ち寄ると、カウンターの向こうにいたのがパーカーその人でした。NASAの元上級職員がこんな仕事に……ゲイツはパーカーに話しかけます。

企画リーダーに任命していたパトリックが
全てを途中放棄し失踪した
巨額の損害
「ミスをしたパーカーにはもう大きな仕事は任せられない」
「大失敗する可能性がある」
組織の風潮が目に見えてそうなった
スッ
あの一件がなければ
万年日陰のあんな部署に飛ばされずに
あんたは今もNASAで働いていたはずだ

……
まあ……
そうかも しれねえが
それがベスト だったとは 思ってねえよ
!?
俺は〝宇宙〟を テーマに生き
宇宙飛行士達の 救いになるような 仕事がした かったのさ
つまり……
この店も そうだと 気付いた
客として通ってた あの頃から それは感じてた
この店の店主も NASAの一員 なんだってな
そして今は 俺がその 立場にいる
〝日陰部署〟に 飛ばされ—— あげくNASAを 去った俺を
夢破れた 敗者だと 思っていたか
ウォルター?

22巻 #208「パーカーとウォルター」

自分の生きるテーマは〝宇宙〟。宇宙飛行士たちの救いになる仕事がしたい。だから、彼らに愛されたこの店を引き継いだ。パーカーの言葉に、自分の気持ちを抑えつけてコストカッターとして働いていたゲイツは、ぐらつきます。「拡散性」が高い人は、地位に興味が薄く、やりたいことをやるのが幸せなので、これは本音でしょう。また、真意がこもっていたからこそゲイツに刺さったのだと思います。

さて、自分大好き人間でもある「拡散性」の高い人によくあるのが、「モテたい」という動機です。そんな、ある意味ピュアな気持ちからスタートさせた取り組みを、社会に貢献する事業へと発展させたケースをご紹介しましょう。

「拡散性」の高いMさんは、商社に入社するも、大きな組織の限界を体験し、ベンチャー企業に転職。その会社で取り組んだ食関連の新規事業で「食」の大切さを痛感し、その事業が失敗に終わったタイミングで「食のベンチャー」へ再び転職します。

そこで彼は代表となり、今も事業創造を繰り返しているわけですが、彼の原点は「モテたい」というピュアな動機です。自分がモテたい一心で、「自分たちの世代が一番カッコいい、行きたいと思うお店作り」を目指してきたのです。「自分が欲しいサービスは、皆も求めているはず」という個人的な興味関心を通して、食を通じた豊かな社会を実現しようとしています。

就活生の皆さんは、「誰も成し得ない（やろうと思いつかない）、しかし、誰かの役に立つことに、本気で取り組もうとした体験」という文脈に、自分の経験を位置づけて、その顛末を整理してみましょう。「誰かのためになること」を「自分のアイデア」で実行した、という文脈で語れば、面接官は必ず興味を引かれるでしょう。

その経験が成功に終わっている必要はありません。失敗に終わったら？　そう。そこでの学びを語ればいいのです。失敗してこそ学びは強烈になり、そういう経験は仕事でも役立つと、面接する側はちゃんと知っています。

成功でも失敗でも、どちらにしても事実を述べることが重要です。面接では、事実をベースに「体験で得たこと」を深掘りされることがあります。過去の事実は変えられませんが、内省して、「体験から学んだこと」に落とし込み、それらを語ることはできるでしょう。

1、2年生は、体験から学ぶことを強く意識しよう

1年生、2年生の皆さんは、就活までにまだ時間があります。「拡散性」の強みを磨くために、次のことを意識しながら学生時代を過ごしてほしいと思います。

最初のうちは、サークル、ボランティア団体、趣味、アルバイト等々、「面白そう」という興味だけで無節操に体験してもいいのですが、その体験から何も学ばないのがもった

いないのです。せっかくの機会を活かすために「今回のアルバイトで自分が経験したのは、こういうことではないのか？」と言語化してみましょう。

「妙にバイトをやる気にさせる店長がいるけれど、何が違うのか？」といった気づきから「自分がやる気になるのは、どういうことを言われたときなのか、それは他人も同じなのか？」「人がやる気になるのは、結局何が理由なのか？」などと、考えを広げ、深めていくのです。

次に、仮説を立てながら、自分に必要な体験を選択していきましょう。仮説・検証を繰り返すことで、自分から見た世の中の「原理原則」を見つける取り組みに昇華させるのです。「こういうことでやる気が起きるのではないか」と考えたら、それを体験できそうな職場や組織を選んで自ら検証していく、といった具合です。

基本形を身に付けてから好き勝手にやろう

もう一つ意識したいのは、早い段階で基本形を身に付けることです。

「拡散性」の高い人は、人と同じことはやりたくないので、「自分は自己流で行く」と我が道を進みがちですが、それは間違いです。「拡散性」の高い人は確かに行動力はありますが、その行動が無茶苦茶なら、当たり前ですが失敗する可能性が高いのです。

5巻　#46「芝刈り男と砂かけ男」

「やったほうが早い！」と言えて、それでなんとかなるのは、ヒビトがしっかり体験を蓄積して、基本的な「乗り物の扱い方」を概念化しているからです。「これはあのとき乗ったヤツと同じ」と、すぐパターンを見抜けるから、「やったほうが早い」わけです。まったく初めての経験なら、ヒビトもこんなことは言わないでしょう。

まずは、基本形の習得が不可欠です。基本がないのは、「我流」とか「無手勝流」と言われます。もちろん、我流も究めれば「大家」になれる可能性はありますが、確率は相当低いと言わざるを得ません。基本を習得した上で、それを自己流に仕上げていく。これが「拡散性」の高い人の進むべき道です。

画家のピカソの凄さは、基本の「デッサン力」がベースにあることは自明です。その卓越さには驚きしかありません。デッサン力が優れているから、「ゲルニカ」のような抽象画まで広げていくことができたのです。

「拡散性」の高い人の成長は、「守・破・離」のプロセスをたどります。「守」から「破・離」へと飛躍するには、「守」をしっかりと築いておかなければなりません。これはぜひ、学生時代に済ませておいてください。

基本形の習得や、「拡散性」の高い人が目指すべき「守・破・離」については、拙書『ドラゴン桜とFFS理論が教えてくれる　あなたが伸びる学び型』に詳しく書きましたので、参考にしてみてください。

「人」の相性が鍵。思い切って「匂い」で探してみては？

最後にもう一つ。就活、あるいはその準備の際に「拡散性」が高い人は、できる限りの伝手を使って、OB、OG訪問やインターンなど、「そこで働いている／働いたことがある」人に当たって調べてみましょう。

これは生の情報に当たれるからでもありますが、「誰と働くか」が「拡散性」が高い人にとって大きな鍵になるから、ということもあります。

「拡散性」の高い人は、基本的にあまり人の話を聞きません。ところが、興味の対象が特定の「人」になると、その人の話には熱心に耳を傾けます。その人を通して、その人の仕事にも興味を持ちます。極端な話をすれば、「拡散性」の高い人は、興味さえ持てればどんな仕事でもできるのです。自分が興味を持てる人との出会いが、仕事を選ぶ上で重要になるのです。

自分と個性が似た〝憧れの先輩〟がいるなら、その人が「活躍している会社」は、「拡散性の人が活躍できる風土である」可能性が高いと言えます。

この考え方でさらに大胆にいくなら、自分と似た社会人を探して、その人に話を聞いてみる、という考え方もできます。例えば、学生はなかなか入れないけれど、自分が「いいな」と思う大人が出入りしている場所にプラっと行ってみる、という就活はどうでしょうか。そもそも「拡散性」の高い人は、他人と同じことをしたくないので、大勢が集まる場には興味がありません。自分が憧れる場所に思い切って踏み込んで、そこにいる人に話しかけてみるのです。

なんとなく〝匂う〟、そんな自分の感覚を頼りに、持ち前の行動力で出かけてみましょう。偶然から縁がつながるのも、「拡散性」の高い人に特徴的なチャンスのつかみ方です。

『宇宙兄弟』でヒビトは、「38万キロくらいなら近所です」とさらりと言う大先輩の宇宙飛行士、吾妻滝生（アズマ）の記者会見を見て、興味を持って近寄っていきます。人への「圧」が強いアズマですが、ヒビトはまったくビビりません。本当に「この人すげえな」と思えるような匂いを感じる相手に近づいていくと、そこから人生の扉が開くかもしれません。

まとめ

拡散性

- 「拡散性」の高い人は行動力はあるが、「なぜやるのか」を考えることが少ない。
- 自分の行いの理由を振り返って、個人的な嗜好を社会性につなげる方法を考えよう。
- 自分に合った会社選びには、〝憧れの先輩〟の伝手を頼るのも手だ。

《#48》
ゴッ
ビッ
ゴッ

パシ
元甲子園球児らしいですね
俺もピッチャーやってました
高校ん頃
ビッ
何が言いたい?
ゴッ
テッ
パシッ

キャッチボールしませんか？
《#48》マッハの弟
2021年
パチパチパチパチパチパチパチパチ

話題の吾妻滝生《あずまたきお》宇宙飛行士が本日帰国
「初めて月に届いた日本人」としてその栄光を語っていただきます
パチパチパチパチ
他の2人の乗員は月面に降りて吾妻さんは月軌道に残りましたよね
地球から38万キロも離れた宇宙空間に3日間独りぼっちだったことになりますが
相当な孤独を感じられたんじゃないですか?
……
いや
全く

……っ
ま…
全く……
「38万キロ」
くらいなら
近所です
月が
近所か
すげえな
この人
ゾゾゾゾ
近所って
ことは
ねーだろ
日々《ひび》人《と》

5巻 #48「マッハの弟」

「受容性」の自己発信

合意を作り出す能力で全員を笑顔にする、と訴える

二律背反に弱いところを徹底的な合意形成で乗り越えようとする。そんな「他人を信じ、最後まで助けようとする」姿勢は日本企業にとって、とても好ましいものです。誠実さで仲間からの信頼を得られれば、彼ら彼女らの高い能力をまとめて、さらに高い目標に向かって進めるようになります。「人を笑顔にする」パワーを侮ってはいけません。

面倒見が良くて、相手の気持ちをおもんぱかることができる。周りの人たちを笑顔にするために自ら動こうとする。相手のことを一番に考えるからこそ、二律背反の場面でどちらかの意見を採用し、どちらかの意見を切り捨てることができない。

そこで、「受容性」の高い人が採るべきは、無理に「決めよう」とすることではなく、「皆の合意を基に、自然に決まる状況を作り出す」ことでしたね。合意による意思決定は、相手の気持ちに寄り添い、共感し、周りの意見を聞きながら調整することの得意な「受容性」の高い人の専売特許、といっても過言ではありません。「決められない」という個性を受け容れれば、本来の強みである調整能力を発揮した合意形成が可能になるのです。

そうなると、「受容性」の高い就活生が面接やエントリーシートで自分のリーダーシップを語る際のポイントが見えてきます。

合意形成の「プロセス」を意識してエピソードを組み立てよう

自分自身の性格を語る際には、「二律背反の状況」を明示した上で、「合意形成のプロセス」を重視してエピソードを組み立ててみるといいでしょう。ポイントとなるのは、「時間をかけることを苦にせず、一人ひとりの合意を引き出し、その危機を乗り越えようとした」という点です。

ここが重要ですが、結果が失敗に終わったとしてもまったく問題ありません。採用側にとって重要で「ぜひ知りたい」と思っていることは、成否ではなくてプロセスだからです。合意形成のプロセスを丁寧に回そうとした末の失敗ならば、むしろ語れるエピソードになります。失敗の原因を分析し、それをどう捉えているかを書きましょう。「チームを一つにするために、相手の真意を理解し、こちらの意図を伝えることが必要だと痛感して、コミュニケーション能力を鍛えました」と言えれば、「自分の強みを理解しつつ、自ら伸ばしていける人材」として、面接官に好ましく映ることでしょう。

「受容性」の強みを活かした意思決定の仕方を理解し、それを採用面接でアピールした学生のケースを紹介します。

Nさんは、大学公認のサークルの代表を務めていました。彼が3年生で代表に選ばれたとき、このサークルはこれ以上人数が減ると公認を外されるかもしれない状況でした。そこでNさんは、すでにサークルを辞めた元メンバーを再加入させて人数を確保するプランを立てました。ところが、現メンバーから猛反発を受けます。「辞めた奴は裏切り者だ」というわけです。Nさんが考えを直さなければ、「俺たちは辞める」と言い出しました。

〝板挟み〟となったNさんは悩みましたが、「自分にできるのは、丁寧に考えを説明することだけだ」と考えて、反発するメンバーと何度も膝詰めで議論し、時間をかけて合意を勝ち取ったのです。彼はこの経験を、「ガクチカ」のエピソードとして採用面接で語りました。「自分は、力でサークルを率いるリーダーではないとわかっています。でも、皆に〝いいサークルに入れて良かった〟と思ってもらいたいという気持ちは誰よりも持っている。だから、問題を解決するならば、皆と一緒になって解決したいのです」

全員を笑顔にしたいと願う個性だからこそ、時間をかけて皆の思いを聞き、気持ちを一つにまとめるやり方が自分には向いているとNさんは理解していました。彼が正しい自己理解をし、自分の個性に合ったやり方を知っていることが面接官に伝わったのでしょう。Nさんはその会社に入社して、今では若手のリーダー格として活躍しています。

「決められない自分」をどうポジティブにアピールするか

2章では、「決めるのが苦手なら、決めるのが得意な人に決めてもらえばいい」と言いました。もし思い当たる経験があるなら、これも面接やエントリーシートで語れるネタです。「決められない」という〝弱み〟をわざわざ明かして、面接官の心証を悪くしないだろうか。低い評価にならないだろうか。そう不安に思うかもしれませんが、「決められない」のはあなたの優しさや寛容さの裏返しであり、あなたの立派な個性です。自信を持って「決められない自分」を自ら開示してください。

一つヒントを。ガクチカを整理するにあたって、改めて自分の周りの人たちの顔を思い浮かべてみましょう。もしかしたら、無意識のうちに彼らの力を借りることで、物事がうまくいった経験があるかもしれません。その視点を意識して、面接やエントリーシートで語るエピソードを組み立て直してみることもおすすめです。

「誰かの力を借りた」話こそ、あなたらしいエピソード

決めるのが苦手なあなたに代わって、決断して物事を進めてくれたり、要所要所で支えてくれたキーパーソンがいたはずです。価値観の明確な「凝縮性」の高い人か、物怖じせずに前進できる「拡散性」の高い人だったでしょう。彼らの統率力や推進力を借りながら、あなたが「受容性」ならではの面倒見の良さや共感力を発揮してチームを運営したことを伝えられたら、上出来です。キーパーソンが強みを発揮できるようあなたが環境を整えたり、他のメンバーとの橋渡しや合意形成をあなたが担ったりしたのであれば、それもあなたの魅力を伝える重要なポイントです。

誰かの力を借りるのは、自分の力不足を認めることなのでしょうか。『宇宙兄弟』に、子どもの頃のムッタとヒビトが自転車で京都を目指したエピソードがありました。父親は心配して変装までして付いていくのですが、そこで見た、兄弟が支え合うシーンです。

日も暮れて真っ暗な中
弟日々人のライトが電池切れで消えましてね
ほう…！はいはい
それに気付いた六太がライトを前方に向けて
弟の足元を後ろからずっと照らしてやってたんです

日々人も
そのことに
気付いたん
でしょう
兄が付いて
来られる
スピードに
合わせて
走っている
ようでした
......
私たちにとって
大事なのは
そういう
ことです
PAREN

“優しさ”に気付くのもまた“優しさ”
世界的な注目があろうとなかろうと
“足元をそっと照らしてやり”
“さり気なく速度を揃えてやる”
あの夏の兄弟の姿勢のままで
何かを成し遂げてくれれば

37巻 #343「あの夏の兄弟」

長い付き合いの兄弟ならではの以心伝心ですが、相手の優しさに気付くのもまた優しさ。「受容性」の高いムッタは、「拡散性」の高いヒビトに引っ張られながら、同時に彼の足元を後ろから照らして、彼の推進力を後押ししています。このイメージは「他人の強みを理解し、組織運営に役立てる」ことにつながります。もし自分のエピソードとしてこの文脈で語れたら最強レベルです。社会人でもそこまで考えて動ける人はそういません。

そもそも、会社の仕事はほとんどがチームで行うものですから、「仲間と協力しながら、その力を引き出して活躍できる」ことは、就活において最大のアピールポイントになるはずです。ということは、やはり「受容性」の高さは、日本企業の就活には相当有利なのです。

せりかを支えて〝奇跡〟を起こした絵名

『宇宙兄弟』には、仲間と協力して困難や難局を乗り越えるシーンがたくさん描かれています。そのなかでも私のお気に入りの一つ、JAXA宇宙飛行士の伊東せりかと北村絵名の友情が奇跡を起こしたエピソードをご紹介しましょう。

せりかと絵名はムッタの同期で、宇宙飛行士選抜試験を共に受け、訓練に励んできた仲間たちです。2人の個性をFFS理論で分析すると、せりかは「保全性」と「拡散性」の両方が高いタイプ、絵名は「受容性」と「保全性」が高いタイプと推測できます。

せりかの個性を聞いて、「え？　対照的な気質である『保全性』と『拡散性』の両方が高いことってあるの？」と意外に思った方もいるかもしれません。それが、あるのです（両因子の数値が拮抗するタイプの解説については、320ページのコラムをご覧ください）。

仲間を支えようとする受容性

せりかは、14歳のときに父親をALS（筋萎縮性側索硬化症）という病気で亡くしています。ALSをなくすことが自分の使命と考え、医師から宇宙飛行士に転身。念願だったISS（国際宇宙ステーション）のミッションに任命され、無重力環境での薬の研究に全身全霊で取り組んでいます。絵名もまた、同じミッションでISSに搭乗しています。

ところが、せりかに恨みを持つ製薬会社の人間によってネットに悪意ある書き込みが広がり、世間の声を気にする文部科学省（JAXAの統括官庁）が、実験を中止させようとします。大ピンチですが、父親の遺志を継いだ実験をせりかはあきらめたくありません。一方で、指示に背いて実験を続けることにも不安を感じ、気持ちが揺れ動きます。ここに「保全性・拡散性」が拮抗するタイプの特徴が表れています。

ムッタたち仲間の励ましを受けて、せりかが実験をやり遂げると決めたとき、彼女を支えたのが絵名だったのです。

せりかちゃん
一緒にお昼食べない？
休憩しよ
ありがと
でもまだやりたいから…
そっか……
「休め」と言うのも今は酷だが
それにしてもな……
……
……

カチャ カチャ
カチッ
!?
ちょ…ちょっと
絵名《えな》ちゃん?
やっぱね
こーいう時ちゃんと手助けしないと…
ウチの父ちゃんに「情けねぇ」って泣かれるからさ
ダメだよ絵名ちゃん
気持ちはうれしいけど
手伝ったりしたら
いや…いいんだよ
大丈夫
どうにかなるって

楽天家で
良かった～～～
私！
アハハッ
……
だけど
……
……
……
一緒に
訓練して
一緒に
ごはん
食べて
一緒に
ロケット
乗って
ここまで
来たんだから
一緒に
実験して
一緒に
帰ろ

27巻 #258「使命」

絵名自身もＪＡＸＡから「君の将来のためにも、この件には首を突っ込むな」とクギを刺されていましたが、せりかが腹を括ったのを見て、絵名も仲間を支えようと動きます。「受容性」の高い絵名は、なんとかしてせりかを助けたいと思ったのです。

「一緒に訓練して、一緒にごはん食べて、一緒にロケット乗ってここまで来たんだから、一緒に実験して一緒に帰ろ」

この絵名の言葉に、せりかはどれだけ勇気づけられたことでしょう。

この２人のエピソードは、「受容性」の高い人が自分の強みを面接やエントリーシートでどうアピールすべきかを教えてくれるものでもあります。

実際にＡＬＳ研究を推進したのはせりかですが、絵名の存在がなければ、せりかの強い意志だけで遂行できたでしょうか。おそらく難しかったでしょう。せりかが周囲の無理解を乗り越え、夢を実現できたのは、絵名がそばにいて力を貸してくれたからです。絵名のサポートがあったからこそ、せりかは「保全性」のブレーキを外し、「拡散性」のアクセルを全開にして邁進することができたのです。

「受容性」の高い人は、自らが率先垂範しなくても、実行力や推進力のある人をサポートすることで、チームに貢献することができます。そして、それが「受容性」の高い人の強みであり、アピールすべきポイントでもあるのです。

できてる…
結晶化……
できてる……!
うん…!
スス…
コチ
ALS
タンパク質
結晶化
19-5
19-6
原因は未解明の段階ではありますが

27巻 #259「きぼうに水滴」

自分とは違うタイプの人と組む経験を積もう

「受容性」が高い人に限らず、就活まで時間のある1、2年生の皆さんにおすすめしたいのですが、機会を見つけて、自分とはタイプの違う、強烈な個性の人と「一緒に組織をまとめる体験」を意識して積むようにしてください。就活にものすごく役立つはずです。

特に「受容性」が高い人は、異なる個性の人と組むことで、「決められない」というあなたの苦手部分を補ってもらえるだけでなく、面倒見の良さや、周りの人の思いに寄り添いながら彼らを笑顔にするという、あなたの強みを活かした形で組織に貢献することを体験できるからです。

その舞台は部活やサークルだけでなく、バイトやゼミでも構いません。NPOやNGO、ボランティアなどもいいでしょう。FFS理論の因子で言えば、「凝縮性」か「拡散性」の高い人が組むべき相手です。ただし、最近の傾向として、「凝縮性」の高い人はかなりの少数派で、なかなか出会えないでしょうから、まずは「拡散性」の高い人とお近づきになりましょう。

あなたの個性とは異質な相手ですから、お互いを理解し、うまくかみ合うまでは少し時間がかかるかもしれません。おそらく「拡散性」の高い相手に出会うと〝振り回された〟

という感覚を持つと思います。もしそうだとしても、あなたの強みを活かして、柔かく、かつ面倒見よく支えることで、そんな相手をうまく認め、支え、感謝すら引き出す「技術」や「技量」が身についていきます。

異質な相手との摩擦を伴う体験はいわゆる〝修羅場〟です。でも、「受容性」が高い人は「なんとか相手の役に立ちたい」という動機があることが強みです。それが自ら学ぶきっかけとなり、時間を惜しまずに取り組めるのです。

そして、相手に信頼され、頼られる関係になることで、自分の持ち味が引き出される手応えを感じ、「受容性」の高い人が求める「承認欲求」も満たされます。さらに、「貢献できている」感覚を得ることで、ますます前向きになれるでしょう。自分の強みを活かすために、「ファシリテーションスキル」はぜひ学んでおくことをおすすめします。

「受容性」の高い人は、柔軟さがありますから、能力を自覚すればどんな環境でもしなやかに適応できるのです。たとえ、曲者ぞろいの「ジョーカーズ」の連中が相手でも！

まとめ

受容性

- 「受容性」は、グループの合意を形成しようとしたエピソードを語ろう。
- 自分の能力より、人を支え、誰かのためになることが喜び、という姿勢を伝える。
- 異質な相手の力を引き出すことこそ「受容性」の本領だ。

18巻 #182「CES-62　バックアップクルー」

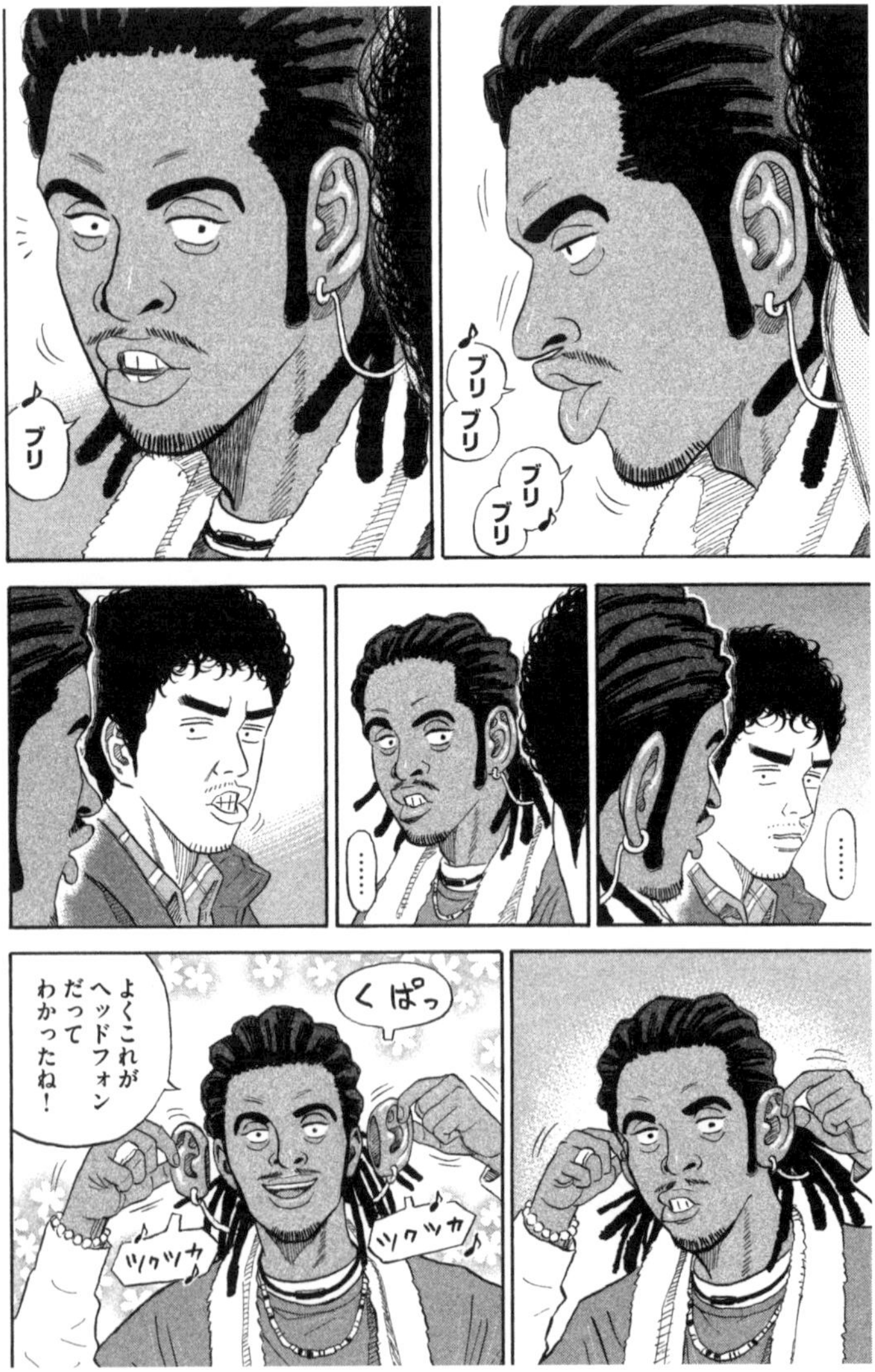

♪ブリブリ
ブリブリ♪
♪ブリ
……
……
くぱっ
よくこれがヘッドフォンだってわかったね!
ツクツカ♪
ツクツカ♪

18巻 #182「CES-62　バックアップクルー」

「凝縮性」の自己発信

有事対応エピソードを〝武勇伝〟にせずに語ろう

予期せぬトラブル、解決を図る過程で思いがけない対立、それを「自らの信じるところに従って」先頭に立って解決、というのが「凝縮性」が高い人が大なり小なり経験しているストーリーです。ただ、そのまま語るといかにもな武勇伝になりかねません。他者の価値観を尊重する姿勢と、自分の「正義」が正しいのかを常に見直すことが重要です。

明確な価値基準を持つため、判断根拠となる情報やデータが不足していたり、先の見えない状況や有事の場面でも「決める」ことができる。これが「凝縮性」の高い人の強みです。このタイプの人は、基本的に現状維持指向の「受容性・保全性」の高い人が多数派を占める日本では、少数派という言葉では追いつかない、稀有な存在です。企業も、「責任感が強く、ブレずに変革できる人材」を欲しています。

では、「凝縮性」の強みを面接やエントリーシートでどのように伝えるのか、整理してみましょう。「凝縮性」の高い人は、先が見通せない状況、すなわち「有事」に強みを発揮しやすいと説明しました。その経験を棚卸ししてみるのです。

例えば、部活やアルバイトで「やり抜いた経験や出来事」「責任を果たしたこと」はありませんでしたか？　そしてもう一つ、この章の冒頭でも説明しましたが、「トラブルが起きたとき、どうやって解決したのか」にも着目してみましょう。

強い信念のもと、チームの立て直しを図った主将

「凝縮性」の高い学生が面接やエントリーシートで語るべき経験の棚卸しを、具体的なケースで見ていきます。２人の学生の体験談を紹介しますので、「凝縮性」の特性が発揮されたアピールポイントはどこなのか、一緒に考えてみてください。

ある部活の主将を務めたKさん。彼のチームは長年一部の4~5番手につけていましたが、彼が主将になったのと同じタイミングで、二部に降格してしまいました。学生日本一を目指していたのに、それがかなわなくなったのです。主力選手だったKさんは、先輩や同期、後輩たちに「申しわけない」という気持ちでいたたまれなくなったといいます。

後輩たちに残せるのは、「一部に戻すこと」と「翌年日本一を目指す力を蓄えること」。そのためには、コーチ陣の強化や筋トレ設備、トレーナー陣の充実も欠かせません。しかし、従来の部活の年間予算では、とてもじゃないけれど、足りません。

Kさんは、OBたちを訪問して、頭を下げて、これまで以上の寄付を集めてきました。人づてにコーチを紹介してもらい、「目指すチーム像」を語り、それに合意した人を招聘しました。さらにトレーナー陣を充実させ、練習メニューも強化しました。ところが、それに反発する選手が出てきました。Kさんの思いが十分に伝わらなかったのです。

「自分がチームを思う気持ちを否定された」ように感じて腹立たしく思ったKさんでしたが、「対立して選手が一人でも抜けることは、自分の理想と食い違う」と自らを制します。そして、時間をかけて選手たちの説得を試みたのです。やがて彼の思いは伝わり、反発していた選手たちもチームの立て直しに尽力してくれるようになりました。

もう一人、アルバイト経験で強みを発揮したNさんのケースです。

ベテラン社員の横暴な振る舞いを告発した学生アルバイト

社員2〜3人に対して、学生アルバイトと主婦パートが十数名いるようなサービス業の拠点での話です。

あるベテラン社員が、若い学生アルバイトに面倒な仕事ばかりを押し付けてきます。そして、自分だけはさっさと休憩に入ってしまいます。しかし、バイトたちは、年上の社員が怖くて文句が言えません。

たまたまシフトに入ったNさんはそんな場面に出くわし、ベテラン社員に詰め寄りました。ベテラン社員の行動は、「傲慢」で「弱い者いじめ」にしか見えませんでした。それはNさんの正義からすると「許せない」ことだったのです。

すると、その社員は逆切れして、Nさんを辞めさせました。しかし、そのまま黙っているようなNさんではありません。自ら本社に出向き、その社員が学生アルバイトにしてきたことを報告しました。それは彼にとっては、「悪や不正を正す行為」です。相手が誰であろうと、許せないからです。その結果、会社は社員側の非を認め、アルバイトやパートに謝罪し、ベテラン社員を異動させました。

「凝縮性」がアピールすべき2つのポイント

正しいことをしたとはいえ、これらはいわゆる「武勇伝」になってしまう可能性があります。聞く側に自慢話として受け止められては台無しです。

企業の人間に対して、これを自分の強みをアピールする形で話すにはどうするか。最初に考えておかねばならないのは、「どんな考えや価値観のもとで行動したのか」ということです。「凝縮性」の高い人は、自分の強いこだわりや明確な価値観に従って行動します。この特性が、ブレない姿勢や決断力、指導力を生み出しているわけですから、そこはぜひアピールすべきです。

行動を起こすときは、あなたをその行動に駆り立てる「問題意識」や「課題感」があるはずです。問題意識の「源泉」や「背景」にこそ、その人の価値観が表れてきます。「自らの価値の源泉」や「背景」を整理して、「何にこだわっている」のかを明らかにしましょう。

先の2つのケースでいえば、Kさんの場合は、チームへの申し訳なさと、「主将としてなんとしてでもチームを立て直す」という責任感が根底にあり、Nさんの場合は「弱い者いじめは良くない。許せない」という正義感から行動を起こしました。それを「相手には相手の立場、考えもあるのは理解している」ことを示しながら、それでも踏み切らざるを得なかった、という形で話すと、受け容れてもらいやすいでしょう。

ポイントの2つ目は、「対立が生じたとき、どうやって対処・解決したのか」です。前出のどちらのケースも、「凝縮性」の高い本人たちが、自分の強いこだわりや価値観で有事に対応し、物事を押し進めようとして、周囲との対立や軋轢を経験しました。これは言ってみれば、「凝縮性」の高い人にとってはよくあるトラブルです。

トラブルが生じたこと自体はマイナスなことではありません。その事態をどう解決したのか、どう乗り越えたのかを伝えることで、「凝縮性」の強みを殺すことなく〝活かす〟すべを知っている、とアピールできます。

Kさんの場合は、「自分の思いを丁寧に伝える」ことで対立を乗り越え、チームの立て直しに邁進しました。Nさんは、「正義を貫く」ことで事態の打開を図り、仲間の学生アルバイトやパートたちの尊厳と居場所を守り、ひいてはこの会社が被ったかもしれない風評被害からも救ったのです。

気を付けたいのは、正義を貫こうとする場合には、「それは本当に正義なのか」とちゃんと疑うことです。「自分だけの狭い了見に偏っていないか」と自己対峙する必要があります。そうでないと、自信満々で面接官の前で大恥をさらすことになりかねません。

もちろん、自分では「偏り具合」がわからない場合もあります。正しかったのかどうかを確認するために、面接の前に信頼できる人に自分の話を聞いてもらう〝壁打ち〟の相手をしてもらうとよいでしょう。これは他のタイプの方も同様です。

「ゴール」や「理想」を意識しながら学生時代を送ろう

最後に、『宇宙兄弟』から、宇宙飛行士ブライアン・Jの生き様をお見せします。宇宙飛行士になる前のムッタたちがJAXAで「最後の部屋」と呼ばれる場所に招かれ、宇宙飛行士になるかどうかの最終判断を求められるシーン。ここで見せられた映像が、ブライアンたちの着陸船が月からの帰還途中、パラシュートが展開できなくなる場面でした。ここでの彼の行動は、「凝縮性」の高い人、そして人間が〝仕事〟に対して示せる究極の姿でしょう。自己犠牲を奨励しているのではありません。自分の信じる道で働き、人々を助けた彼の人生は、道半ばで終わってもとても幸せだったのではないでしょうか。「凝縮性」の高いあなたには、きっと伝わると思います。「理想」を追ってください。

まとめ

凝縮性

- 「凝縮性」の高い人は「有事の実行力」と、自分が動いた理由を語ろう。
- 理由はたいてい「正義感」。ただし他人がそれを正しいと感じるかどうかには要注意。
- 少数派だけに理解してもらえないことも多い。面倒がらず説明するクセをつけて。

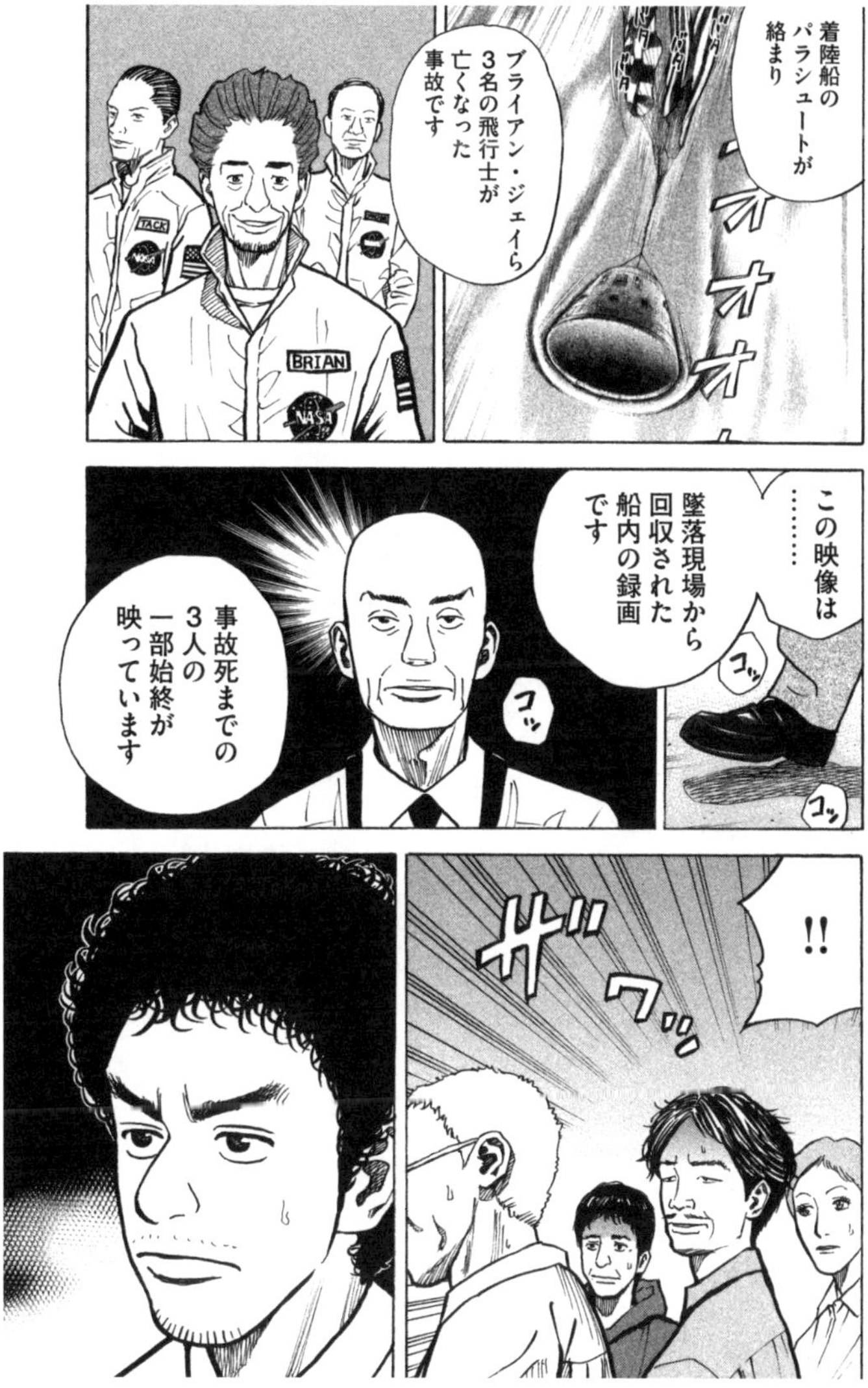
着陸船の
パラシュートが
絡まり
ブライアン・ジェイら
3名の飛行士が
亡くなった
事故です
この映像は
……
墜落現場から
回収された
船内の録画
です
コッ
コッ
事故死までの
3人の
一部始終が
映っています
コッ
!!
ザワッ

今モニタで確認した！
ちくしょう！パラシュートが絡まってやがる！
だめだ！機体が回転して全く安定しない！
終わりだちくしょう！
落ち着けマイケル！
できることはやろう
ガタ
ガタ
ガタ
ガタ
ガタ
ガタ
ガタ
ガタ
タック！状況を管制に報告してくれ！できるだけ細かく
俺とマイケルは落下速度と地上までの時間を計算する！
りょ……了解！
ガタ
ガタ
ガタ
今後の事故調査で
きっと役に立つ

ドクッ
ドクッ
ガタ
ガタ
地上まで あと20秒だ!
くそっ やり残したことが いっぱいだな!
ガタ
ガタ
買ったまま 聴いてない CDとか……
連続ドラマの 『ラスト・ワールド』だって シーズン2の6話目 以降まだ見てない
そいつは いいとこで 見終わったな マイケル
あの ドラマ
6話目 以降は……
超つまんないぜ

★巻 #★「★ダミー」

「弁別性」の自己発信

「言葉足らず」に気をつけて！可能なら不合理を飼い慣らせ

効率を重視する「弁別性」の高い人は、「これは大前提だから」と説明を省きがち。でも相手は説明の仕方そのものを見ているかもしれません。面接も社会も、あなたが思う合理性だけで斬るのは無理というもの。もし時間があればおすすめしたいのは、不合理と理不尽にまみれて、それを自分の中で〝飼い慣らす〟体験をすることです。

情報やデータに基づき、白か黒かをはっきり分ける「弁別性」の高い人の強みは、判断力です。また、何事にも合理的に対応できる能力も持ち合わせています。

しかし、同時に最短・最速で処理しようとするため、判断の根拠となる前提条件や状況を、相手も「わかっているはず」と考えて、説明を省略し、「言葉足らず」になることがあります。

また、未熟な人の場合、判断軸が自己都合になりがちなので、相手からは詭弁と受け取られることがあります。これも、説明を端折ってしまい、何を根拠に判断したのかを伝えていないことが原因だったりします。あなたの判断の合理性を相手も納得できるように、常に周囲や世の中の物の見方、考え方を考慮した普遍的な判断軸を意識し、判断の根拠を相手に伝えることが重要です。

2章で見てきたこれらのことを踏まえて、「弁別性」の高い学生が面接やエントリーシートで語るべきポイントを考えてみましょう。

「合理的」すぎるエントリーシートは手抜きに見える

「弁別性」の高い人は、事実を端的にまとめること自体は得意です。やり方としてはムダなく手間なくの、「時系列で箇条書き」が一番好きかもしれません。

ただ、それだけだと「手抜き」に見えることがあります。

過剰に飾る必要はありませんが、相手の興味を引く、理解を促進するために情報を提供することが、面接やエントリーシートには必要であることの合理を理解しましょう。

なんらかの行動に至った理由として「判断の根拠」を示す場合、一般的に「弁別性」の高い人は〝世の中の普遍性や真理〟を理由にすることが多いようです。それは自分にとって「当たり前のこと」なので、伝える手間を省こうとすることがあります。

しかし、面接官は「あなたはどうなの？」と聞きたいわけです。そして、「世の中の普遍性に基づいて」と思っていても、実はそうでもないことも多々あります。

「普通はそうでしょう」と思ったら要注意。チャンスを逃しているかもしれません。

「自分はこういう理由でこう判断しました」と丁寧に説明することで、弁別性の強みである「行為の合理性」が伝わり、〝優秀な人材〟との評価を獲得することができるのです。

不合理、理不尽、でも飼い慣らせば自分にメリットが

就活までにまだ余裕がある1、2年生の方々には、ぜひ、矛盾をはらんだ「人」という存在との密な関係を体験していただきたいと思います。

そんな曖昧で割り切れないものを受け容れるのは、非合理的だと思うかもしれません。

しかし、「弁別性」が高く「優秀だ」と他人から評価されている人は、自分の下手な計算

よりも、計算を超えた人との縁や人間関係によって結果が最大化することを、実証により知っています。

ここで、2章でも触れた、サービス業で働く「弁別性」の高い人のケースを再び参考にしてみたいと思います。学生時代のアルバイト経験を通して、割り切れない人間関係から学んだことは何だったのでしょうか。

Hさんがアルバイトを始めた当初は、自分だけの都合で動けるため、淡々とマイペースに仕事をこなしていました。合理的な判断ができるため、「仕事ができる」と評価もされています。ところが、時間帯リーダーを任されるようになると、Hさんとのコミュニケーションがうまく取れずに、辞めてしまうバイトが増えていきました。カバーするために自分でシフトに入る時間が増えた反面、リーダーとしての評価は下がっていく。「なんてことだ。これなら下っ端のままがいい」。彼はこの状況を「理不尽だ」と感じたと言います。

その一方で、リーダーの特権でシフトを組めることは、自分にとって好都合です。手放すのは惜しい。そこでHさんは「皆が自分の思いどおりに動いてくれることが、一番合理的だ」と気づくのです。そのために何をすべきか、彼は考えました。

そして、「相手の気持ちを汲み、認めることで、結果的にこちらの要望に沿ってもらう」ことを粘り強く続けていったところ、スムーズに事が運ぶようになったのです。最終的に自分が欲する結果を「最短で実現する」合理を手に入れたのです。

つまり、理不尽な体験をしても、それを「理不尽だ」と切り捨てずに、「合理的な結果にするには、どんな方法があるか」と考えることが大事です。自己都合だけを考えず、誘われるままに体験してみましょう。できるだけ密に関わって、泥臭くやってみることです。

部活、バイト、あるいはNPOなど大人が出入りしているほうが、「世の中の理不尽」を学びやすいかもしれません。その環境で、不合理な〝人の気持ちに寄り添う〟、それが無理ならば〝こんな不合理でも平気な人がいるのか〟と観察してみてください。

世の中は「人と人の関係」で成り立っていますので、「人の気持ちに寄り添えない『弁別性』の高い人」は、組織である程度のポジションになると苦労するでしょう。

不合理な相手、ムッタを認めたビンセント

そのために何か、コツのようなものがないか、と『宇宙兄弟』を探してみると……ありました。「弁別性」の高い人、ビンセント・ボールドが、ムッタとの人間関係に一歩踏み込んで、相手のことを理解しようとした場面です。ムッタは、半年後の月ミッションに任命されたビンセントの控え飛行士として、地上の管制室から飛行士を支援する「キャプコム」を務めていました。その訓練中に初歩的なミスを犯してしまいます。

このままでは私の〝控え〟には荷が重いと考え
君をサブクルーないしキャプコムから外すことも視野に入れているという状況です
……
はい…
ゴク…
だがもし私と君の間に——
理解し合えるような共通点が見つかれば
もう一度君を見直してみようという考えもありました
は…はい
ノーマン・フィッシャーという小説家の〝ムーンワーカー〟というシリーズを知っていますか?
ミスタームッタ
え…っ
……

20巻 #189「MOON WORKER」

ビンセントはムッタを自宅に招き、2人で話をしています。ムダなことが嫌いで、「他人のプライベートには口出ししない」はずのビンセント・ボールドが、ムッタを自宅に招き入れたのはどうしてなのでしょうか。

ムッタがミスをしたのは、弟のヒビトが月面での事故の後遺症を理由に現場から外され、姿を消してしまったので、心ここにあらずの状態だったからでした。ビンセントは、感情に左右されやすいムッタとは共通点がないと感じ、「自分とはかみ合うわけがない」と失望していましたが、幼馴染みで、ムッタのこともよく知る技術者のピコ・ノートンから、「じっくり奴と話してみるってのはどうだ?」と言われたのです。

ムッタがビンセントの自宅を訪れると、妻のベリンダと息子のアンソニーが出迎えてくれました。アンソニーはムッタに、「宇宙にいつ目覚めたのか」と尋ねて、こう言います。「父さんは『宇宙に憧れる者は行かずしても必ず一度は宇宙を目にする』――って言うんですけど、ないですよね? そんなこと」

するとムッタは、「いや…あるよ」と答えて、こう続けます。

「真っ暗なフトンの中で」

このムッタの言葉に、ビンセントはこれまで探していた、「ムッタを信じるに値する相手と認めるための〝意味づけ〟」を見つけるのです。

あ…いえ……
でもその名前ならさっきちらっと…
ここの本棚で見つけた気が…
ノーマン・フィッシャー
NORMAN FISHER
NORMAN FISHER
NORMAN FISHER
NORMAN FISHER
あ…あった
……
ムーンワーカー……
……
その本には朗読のテープが付いていて
音楽をバックに小説を読みあげてくれました

私はたまたま14の頃――
クローゼットに隠れた時に
それを聴いたんです
MOONWALKMAN
SANY

20巻 #189「MOON WORKER」

真っ暗なフトンの中で宇宙を感じたムッタと、クローゼットの中で聴いたカセットの朗読で『ムーンワーカー』に初めて触れたビンセント。思わぬ「共通点」を見つけたことをきっかけに、ビンセントはムッタとこれから一緒に仕事をしていく上で「ムッタを信じられる相手」と認めるようになっていきます。

大事な思い出が似ていた2人でしたが、とっかかりなんて実は何でもいいのだと思います。大事なのは「相手の〝不合理さ〟を認めることが、より大きな目的を実現するためには合理的」と知ることです。2章（224、232ページ）で書いたように、そういう意味でもまた「理不尽なことにも意味がある」のです。

状況に応じて自分の判断基準をズラし、合理性の線引きを使いこなせるようになれば、ちっぽけな自己都合ではなく、顧客や社会という大きな目的のために仲間と力を合わせることができるようになります。就活に役立つのはもちろんのこと、ビンセントの「カセットテープ」のようなあなたの宝物を、共有できる相手と出会えるかもしれません。

まとめ

弁別性

- 「弁別性」が高い人は手間を省こうと言葉を惜しみ、理由の説明を省きがち。
- 合理性に基づく強みを活かすためにも、不合理な経験をあえて重ねよう。
- 自分の中の基準の〝ずらし方〟を覚えて、仲間の力を引き出せれば勝負あり。

ギッ
思わぬところに
共通点が
あったもんです
君らの年代
だともう
カセット
テープなんて
聴けないとは
思いますが
スーーッ
Moon Worker 3
Moon Worker 4
Moon Worker 5
もし興味が
あれば
その本と
一緒に
MOON WORKER
実を
言うと…
聴けます

20巻 #189「MOON WORKER」

保全性と拡散性が拮抗する人は「アクセル」「ブレーキ」を意識しよう

日本人の生まれ持った気質を大きく2つに分けると、「保全性」と「拡散性」に分けられます。

FFS理論では、この先天的な因子に、生まれ育った環境に影響される因子（＝後天的な因子「凝縮性」「受容性」「弁別性」）を加え、全部で5つの因子の組み合わせで個性を診断します。

日本人の個性として最も多いのが、「受容性」と「保全性」の高い人で55％、次に「受容性」と「拡散性」の高い人が25％です。このことからもわかるように、先天的な因子と後天的な因子を組み合わせたパターンが多く出現しています。

ところが、中には「保全性」と「拡散性」の両方とも高い人がいます。つまり、対照的な2つの気質が同居している状態です。このように、「保全性」と「拡散性」を第一・第二因子に持ち、それらの数値が同数または拮抗（数値でプラスマイナス1以内の差）している人は、日本人の10人に1人です。

そのような個性の人は、「やりたい気持ちはある」、でも「不安だから踏み出せない」。自動車に例えると、アクセルとブレーキを同時に踏んでいる状態です。

主導権がころころ替わってしまう

「保全性」と「拡散性」を比べたときに、「保全性」が差をつけて高い人であれば、リスクを感じたら早々にあきらめてしまうかもしれません。けれども、「保全性」と「拡散性」の因子が拮抗している場合は、やりたい気持ちと不安な気持ちが、同時に込み上げてくる。これは、厄介です。

しっかりと準備してから、いったんは飛び越えてみる。でも、飛び越えた途端、不安になる。だから、安全な場所まで戻る。すると、また飛び越えたくなる。

こういう個性の人に聞くと、「逡巡していることを自分でも理解しているけれど、どうしようもない」と言います。自分の行動を制御するもう一人の自分がいる感覚です。「自分の敵は自分」という気持ちになり、さらに憂鬱になるのです。

286ページのおさらいになりますが、『宇宙兄弟』では、「きぼう」での実験という「アクセル」に、心ない中傷を受けて「ブレーキ」がかかった伊東せりかが、この状態です。

WAHOO! ニュース
裏取引の真相は？ JAXA 緊急会見も、本人への事実確認一切ナシ !!
製薬会社との裏取引が噂される渦中の伊東せりか宇宙飛行士。女医でありながら、夢のために宇宙を目指していたはずの彼女が、個人献金を受けていたのでは？というニュースが話題になっていました。
個人献金を受けていたのでは？
本人不在の曖昧なJAXA側の弁明に…
ネット上は信頼とは逆に猜疑《さいぎ》心が上昇。
「処分がないなんておかしい」「今すぐ研究をやめろ！」
「国民の金を弁償させろ」と伊東飛行士に、
伊東飛行士を今すぐクビにしないとJAXAの信用も地に墜ちますね
ISSに搭乗したいって言ってたの、夢のためっていってたけど騙されたのね。ありえない
そもそも、大した成果もでない実験国の金使いすぎじゃね？
宇宙飛行士のイメージ超悪くなったわ。JAXAの言い訳、必死すぎるだろ。
国の代表のはずの宇宙飛行士が裏でこんなことやってると思うとゾッ
美人で女医で、宇宙飛行士って俺はなんかあると思ってた
はやく任務中止させて、地球に戻れよ。けど日本には返ってこないでほしい。日本人の恥だし。
日本の恥がいつまでエラソーに宇宙いんだよ
27巻 #253「鍵と鍵穴」

「拡散性」が高いヒビトなら中傷など気に掛けないでしょうし、「保全性」がはっきり高ければ、早々に手を引くところ。拮抗するせりかは悩み、でもあきらめることもできません。

このタイプの人へのアドバイスとしては、「今は」アクセル、「今は」ブレーキ、と、意識的にどちらかに集中することです。この場合の「ブレーキ」とは、「止まる」という意味ではなく、「確実に物事を進めていく」という「保全性」の特徴を指すと考えてください。このエピソードでは「受容性」が高い絵名がせりかの「やりたいこと」を察し、ブレーキをゆるめてくれました（287ページ）。

もう一つアドバイスすると、「アクセルでいく」と決めたならブレーキ、「ブレーキでいく」と決めたならアクセルというふうに、反対の役割を担ってくれる人の存在があると、チームワークがうまく機能します。身近にアクセル役の人がいるなら、自分はブレーキ役に回りましょう。チームは相互関係のダイナミズムで動くため、「保全性」と「拡散性」が拮抗している人は、身近な人が持ち合わせていない側の強みを発揮しやすくなります。

あるときはアクセルになり、あるときはブレーキになる。両方の役割を体験していくと、いろいろな場面での経験知が高まり、どんな状況でも活躍できる「最高の中継ぎ投手」になることができるのです。意識してアクセルとブレーキを使い分けることを通して、せりかと絵名のように、良好なチームワークを築ける相手も見えてくるでしょう。

就活は「楽しく働ける」場所探しだ

佐渡島 庸平＝コルク代表
（『宇宙兄弟』初代担当編集者）

就活とは、学生が最初に直面するすごく苦しい体験ではないだろうか。

なぜなら、それまでは、家庭や学校で居場所が与えられる中で生活してきて、どんな自分でも受け容れてもらえた。それが就活となった途端、自分の力で社会での居場所を見つけなければならなくなるからだ。

自分の能力はお金になるのだろうか

社会での居場所は、社会が求めるものを差し出すかわりに得られるものだけれど、社会に一度も出たことのない学生には、社会が何を望んでいるかなんてわからないし、それが自分の中に強みとしてあるかどうかもわからない。例えば女性にモテるとか、スポーツができるとか、偏差値が高いとか、そういうことは仕事には関係ないから、強みとは言えないんじゃないか。そういうことになってしまう。

しかも、学生が自己理解をすることの難し

さは、自分の能力をお金に換えられるのか、という問いを突き付けられることにある。就活では、月々25万円、30万円の給料に値するアウトプットを出せる人材であることを、言葉だけで証明しろと要求されているようなものだ。自分の強みや能力がお金になるのか、自信が持てないのも当然だろう。

ただ、結局のところ、自分は自分以外の何者かには絶対になれないし、自分の武器は自分しかないのだ。その「自分」を武器にするための方法が、自己理解なんだと僕は思う。

「自分」についての〝仮説〟を用意

僕も経営者として学生を面接するけれど、学生の多くが、自分のことを理解している前提で自分のことを話している。「私はこういうことが好きです」「これが得意です」と。

ただ、そうはいっても、まだ20年くらいしか生きてない人間が、自分の得意分野や将来やり続けたいことが何かなんて、そう簡単にはわからないものだ。

だからこそ、「自分のことは簡単にはわからない」という前提で自己理解をしようとする姿勢に、僕は知性を感じる。

自分のことはわからないけれど、「自分はこういう人間なんじゃないか」という仮説を持ち、自分の言動や振る舞いを客観視しながら自分を探求していくことが大事ではないかと思うのだ。

そして、自己理解のツールとして有効なのが、FFS理論である。FFS理論を活用して自己理解をしておくと、「今の自分のこの振る舞いは、凝縮性の高さが表れたのではないか」と自分のことを客観視できる。「自分はこういう人間なんです」と思い込んでいるのと、「自分はこういう人間なんじゃないかと思っています」というメタ認知的な視点があるのとでは、大きな差がある。というのも、後者の視点がある学生は、社会に出てからも、上司に指示されたからやるという受け身な姿勢ではなく、「これはどういう意味なんだろう?」「これがどういう価値を持つんだろう?」ということを考えながら、自分で動けるようになるからだ。

ムッタが成長していった理由

自己理解が不足したままでは、就活も人生もうまくいかないことは、『宇宙兄弟』の主人公、南波六太（ムッタ）を見ても明らかだ。

ムッタは最初、自己理解をしないままサラリーマンになった。自分に合わない組織に入って、周りに自分を合わせていたから、自己評価も低い。その後、紆余曲折あって宇宙飛行士になったムッタは、自己理解を深めるにつれどんどん活躍していく。自己理解によってムッタの能力が開花していった、と見ることができる。

ムッタも経験した宇宙飛行士選抜試験の場面は、面接官の視点を知る上で、大事なことが描かれていると思う。選抜試験で試験官は何を見ているかというと、本人がどれだけ自己理解をしているか、ということだ。では、自己理解を見るのはなぜかといえば、他者と協力できる人かどうかを見ている。会社組織

COLUMN

では他者と協力しながら仕事を進めていく場面が多く、他者の協力を仰ぐには、自分は何が得意で、何が不得手かを理解しておく必要があるからだ。

その意味で、ムッタとは別のチームだった溝口の選抜試験での振る舞いは、反面教師として学ぶことが多い。

彼は優秀さを競い合うことにエネルギーを注いだけれど、優秀かどうかの基準は、状況が変われば変わってしまう。つまり、平時に優秀な人でも、月面で事故が起きたときにその優秀さを発揮できるとは限らない。さらに、事故が起きた場合でも、短時間での事故対応が得意か、長期間の事故対応が得意かは人それぞれだ。

だから、「私はこれができるから優秀だ」と主張するだけでは意味がない。他者との関係性において自分の強みをどう活かせるかが、とても重要なのである。

『宇宙兄弟』ではもう一つ、ムッタが所属するミッションチーム、ジョーカーズにも注目してみてほしい。

メンバーの経歴も個性も凸凹な寄せ集め集団のジョーカーズが、どんなふうに一つのチームとしてまとまっていくのか。これはマンガとしても大きな見どころになっている。

ジョーカーズはあなたが入る会社かも

ジョーカーズというチームは、これからあなたが入社する会社に見立てることができる。というのも、その会社であなたが配属される部署には、凸凹なチームがあって、その凸凹なチームの「凹」のところを、あなたの強みで埋めることになるからだ。そして、あなたがチームに加わることで、そのチームも形を変えていく。

そんなシナジーを生むには、まずはあなたが自己理解をした上で、自分がどんな人間かを表明しなければならない。逆に言えば、あなたを受け容れる会社は、あなたがどんな強みを発揮してチームに貢献してくれるかを知りたいのだ。

あなたのキャラが合う場所を探そう

例えば、「凝縮性」の高さを活かしてリーダーシップを発揮してくれるのか。

それとも、「受容性」の高さを活かしてチームを一つにまとめてくれるのか。

「弁別性」の高さを活かして合理的な判断をしてくれるのか。

「拡散性」の高さを活かして新規事業を推進してくれるのか。

「保全性」の高さを活かしてチーム運営の仕組みを作ってくれるのか。

あなたはどの強みでチームに貢献してくれますか、ということが面接では問われているのである。

そう考えると、就活とは、これからチームを組む相手として、その会社が自分に合っているかどうかを見極める機会だと言える。であれば、面接は会社があなたを選ぶだけでなく、「あなたが会社を選ぶ場でもある」と思ったほうがいい。

就活を成功させたかったら、自分を取り

繕ったり、理想の自分を演じたりせず、できる限り本来の自分を見せて、それを受け容れてくれる会社を探すことに尽きる。

もし、自分はこんな人間だと開示した結果が不合格なら、その会社とは相性が悪かったということ。自分を偽って内定を獲得しても、会社との相性が悪ければ、自分が不幸になるだけだ。

仕事は我慢ではない、楽しむことだ

我慢した結果として報酬が支払われるのが仕事ではなく、楽しんであなたの強みを活かした結果、周りの人も楽しくなって報酬が支払われるのが仕事である。

仕事を楽しむためにも、自分が居心地よく生きられる場所を見つけることが大事。ぜひこの本を活用して自己理解を深め、あなたが生き生きと働ける会社との出会いにつなげてほしい。

あとがき

Postscript

自分の就職活動を振り返ると、恥ずかしくなるくらい〝ノー天気〟でした。

当時、就職協定の解禁日に「採用活動が始まる」と理解していて、その当日に面接を受けたのです。そこで初めて「ほとんど内定出しが終わっている」ことを知らされました。慌てて、検討していた会社に問い合わせたところ、「面接はしますよ」という会社が一部。他はすべて終わっていたのです。なんとか面接してもらいましたが、一次面接で全敗。

そんなテイタラクですから、「自己分析」などまったくしていませんでした。今でいう「ガクチカ」は豊富だったと思いますが、本文中に書いているように「出すぎる杭」と思われた節があるようです。

卒業する直前の3月になり、留年の準備をしている時、4年間アルバイトしていた新聞社から「まだ就職先決まってないのか？　それなら、欠員が出たから面接してやる」と声をかけていただき、就職することができたのです。

そんなわけで、私に実体験として「就活」を語る資格はありません。

しかし、企業の組織・人事課題を支援している立場としては、採用＝「エントリーマネジメント」の重要性やポイントを語る資格はあるかな、と思います。

学生の皆さんに一番伝えたいことは、企業側も「採用」で困っているという事実です。限られた面接時間で、皆さんの「可能性」をどのように見抜くか、評価するのかの〝正解〟を持ち合わせていない、というのが実態です。下手をすると、お互いが「化かし合い」「胡麻化し合い」で終わってしまうことも多々発生しています。

学生の皆さんは「緊張する」ことで、「本当の魅力」が伝えられないまま終わることもあるでしょう。同じように、面接官も人の子。彼らも悩んでいるのです。「人が人を評価することの限界」を含めて「タイミング」や「誰が面接官だったのか」という「運／不運」もつきまとうのです。そんな事情を踏まえた上で、なお、「事前にできること」は徹底してやることが、「運さえ呼び込む」ことにつながる、と思って取り組んでください。

経営書の名著『ビジョナリーカンパニー』では、「誰をバスに乗せるか」という表現で、「エントリーマネジメント」を語っています。学生側から見れば「どのバスに乗るか」を選び、「自分が乗るにふさわしい人材であることを、どう伝えるか」なのです。「ふさわしいかどうか」を確認するには、「棚卸し」として自己分析することから始めましょう。

さて、最後になりましたが、多くの方々からご協力をいただきました。

就活生向け企画をスタートさせるにあたり、まず最初に私の後輩にあたる「ポンタ」こと本田勝裕さんに、最近の学生事情をお聞きしました。彼は、複数の大学やネットを通じて「キャリア論」を講義しています。「学生を応援する」というスタンスを長年続けてきた彼が、最近は学生たちのことを〝憂えている〟ことも、筆を進ませる要因になりました。ここにお礼を申しあげます。

今回の記事も〝補完チーム〟で仕上げました。

私が「拡散性」と「凝縮性」を活かして「主張したいこと」を雑駁にネタ出しすると、「受容性」と「保全性」が高い前田はるみさんが、それを受け容れてから整理して統合してくれます。突っ込みの質問がバシバシと飛んできます。「受容性」的には「読者が困らないように」という配慮から、言い換えなどで読みやすくする作業です。その上で、「拡散性」と「受容性」が高い日経BPの山中さんが、興味を引くように〝甘み・辛み〟を味付けしてくれました。お二人なくして、この書籍は完成しませんでした。最高のチームです。ありがとうございました。

また、今回から参加してくれたコルクの井上皓介さんの記事に合うシーンを選んでいだだく早業は、イラチな山中さんを感動させるほどでした。前回同様、コルクの佐渡島康平さん、中村元さんにもご尽力いただきました。感謝いたします。

ＦＦＳ理論の開発者である小林惠智博士には、構想段階からご支援をいただきました。ありがとうございました。

私は、日本という国が大好きです。世界に誇れる国だと思っています。特に「現場力の強さ」は世界に誇れるレベルですが、それは最前線で汗を流している人たちが素晴らしいからです。そんな日本に貢献したいとずっと思っていました。

以前から「日本は人材という資源しかない国。人材を最大限に活かす仕組みを多くの企業に提供することが、結果的に日本企業の活力となり、日本経済に、さらに日本という国に貢献できる」と考えて、ここまでやってきました。

採用は、企業の活力になります。皆さんの強みを企業で活かしてほしいのです。

そのためには、少しだけ準備してください。自己分析をして、自己の強みを知り、それを発信してください。そのための一助になれば、幸いです。

二〇二一年十月

古野　俊幸

日経BP

10万部突破の大ヒット!

無料のWeb診断で、自分の強みと弱みが分かります

あなたは
どのキャラ?

あなたは
せりか?
好き嫌いが
エネルギー源
あなたは
ヒビト?
閃いたら
後先考えない
宇宙兄弟とFFS理論が教えてくれる
あなたの知らないあなたの強み
古野俊幸
あなたの「強み」が分かる
Web診断付き
10万部突破!
「自分が分かれば、他人も分かる」
『宇宙兄弟』初代編集者、コルク代表　佐渡島庸平
日経BP
あなたは
ムッタ?
やや優柔不断、
でも着実
あなたは
ビンセント?
無駄が嫌いな
合理主義者

『宇宙兄弟』の名場面もたっぷり引用。
登場人物の心の中がより深く理解できるかも…。

宇宙兄弟とFFS理論が教えてくれる
あなたの知らないあなたの強み

古野俊幸 著　●定価 1980円(10%税込)　発行:日経BP　発売:日経BPマーケティング

日経BP
“カタ”がなくてお前に何ができるっていうんだ
――『ドラゴン桜』2巻12限目
古野俊幸
あなたが伸びる学び型《かた》
ドラゴン桜とFFS理論が教えてくれる
あなたが伸びる学び型
最適な「学び型」が分かるWeb診断付き
日曜劇場「ドラ
絶賛の嵐!!
シリーズ
17万部突破!
子どもから大人まで
あなたにピッタリの「学び方」が分かる
WEB診断付き
あなたはいきなり水に飛び込めるタイプ?
“落ちこぼれた”のは、たまたま「学び型」が合っていなかっただけ
あなたが達成しやすい「目標の立て方」がある
スマホ?
このバカシールを体に貼《は》って写真を撮れ!
バカ
ドラゴン桜とFFS理論が教えてくれる
あなたが伸びる学び型
●定価: 1980円(10%税込)　発行:日経BP　発売:日経BPマーケティング
古野俊幸 著
©Norifusa Mita/Cork

宇宙兄弟とFFS理論が教えてくれる
あなたを引き出す自己分析

2021年11月8日　第1版第1刷発行

著者 …………………… 古野 俊幸
執筆協力 ………… 前田 はるみ
企画・編集協力 …… コルク（佐渡島 庸平、中村 元、井上 皓介）
発行者 ……………… 伊藤 暢人
発行 …………………… 日経BP
発売 …………………… 日経BPマーケティング
〒105-8308 東京都港区虎ノ門4-3-12
デザイン・DTP …… 鈴木 大輔、仲條 世菜（ソウルデザイン）
校正 …………………… 西村 創（円水社）
印刷・製本 ……… 図書印刷
編集 …………………… 山中 浩之

本書の無断複写・複製（コピー等）は、著作権法上の例外を除き、禁じられています。購入者以外の第三者による電子データ化及び電子書籍化は、私的使用を含め一切認められておりません。

本書籍に関するお問い合わせ、ご連絡は下記にて承ります。
https://nkbp.jp/booksQA

ISBN 978-4-296-11117-6 Printed in Japan
©Toshiyuki Furuno 2021